Chico Xavier

LeYa

Chico Xavier

A história do filme de Daniel Filho

Marcel Souto Maior

Consultoria e pesquisa: Patrícia Paladino
Entrevistas de apoio: Gil Baroni
Preparacão de textos: Mariana Simões
Revisão de textos: Margô Negro e Max Gimenes
Capa adaptada do projeto original de Ana França Design
Fotos: Ique Esteves
Projeto Gráfico: Sérgio Campante

Dados Internacionais de Catalogação na Publicação (CIP)
(Câmara Brasileira do Livro, SP, Brasil)

Souto Maior, Marcel
Chico Xavier : a história do filme de Daniel Filho / Marcel Souto Maior. – São Paulo : Leya, 2010.

ISBN 978-85-62936-13-5

1. Chico Xavier, o filme (Filme cinematográfico) 2. Cinema - Brasil 3. Cinema - Roteiros 4. Daniel Filho, 1937- I. Título.

10-01656 CDD-791.4372

Índices para catálogo sistemático:
1. Chico Xavier, o filme : Filme cinematográfico : Apreciação e crítica 791.4372

2010

TEXTO EDITORES LTDA.
[Uma editora do grupo Leya]
Av. Angélica, 2163 – Conjunto 175
01227-200 – Santa Cecília – São Paulo – SP – Brasil
www.leya.com

A Anabela, sempre tão companheira, ao Tomás, que acaba de chegar,
e a Isadora e Antônio, que o receberam tão bem.

A Patrícia Paladino, parceira fundamental neste desafio.

Chico de volta

Sete anos após sua morte, lá estava Chico Xavier, vivo de novo, com os gestos suaves e a fala mansa de sempre. Não resisti a dar um abraço apertado nele quando o reencontrei pela primeira vez na bela casa da Gávea, zona sul do Rio de Janeiro, onde Daniel Filho instalou o QG de *Chico Xavier, o filme*.

Quem dava vida nova a Chico era outro Xavier, Nelson, a quem enviei, alguns anos antes, um exemplar do meu livro, *As vidas de Chico Xavier*, com a dedicatória em que manifestava um sonho de fã: ver o ator no papel de Chico um dia.

O sonho, que parecia impossível em 2004, virou realidade cinco anos depois de Bruno Wainer adquirir os direitos do meu livro e de Daniel Filho se unir a ele no projeto de levar para o cinema a saga de um dos personagens mais impressionantes – e controvertidos – do Brasil.

O reencontro com o Chico de Nelson na casa da Gávea marcou minha primeira visita ao QG de Daniel Filho. Dava orgulho e medo ver Chico “reencarnado” e, ao mesmo tempo, espalhado por todos os cômodos do casarão colonial.

Fotos dele em todas as fases da vida – da infância pobre em Pedro Leopoldo ao auge no programa *Pinga-Fogo*, da TV Tupi – subiam pelas paredes do departamento de arte, tomavam conta dos murais do figurino e guiavam o trabalho de uma equipe de quase duzentos profissionais, dedicados a resgatar e reconstituir a história de quem se definia como um nada, menos que nada.

Na sala de Daniel, um quadro com fotos dos atores escalados para cada papel (eram mais de cem personagens) dava uma ideia do que estava por vir. Tony Ramos, estrela de *Se eu fosse você 2*, o maior sucesso de bilheteria do cinema nacional desde a retomada, estava no elenco.

Cristiane Torloni e Letícia Sabatella (no auge da popularidade em *Caminho das Índias*) e Giovanna Antonelli (escalada para a novela seguinte, *Viver a vida*) também garantiram presença. Ângelo Antônio, que levou multidões aos cine-

> “Transformar em filme uma história tão bonita é motivo de orgulho.”
> *Bruno Wainer*

mas em 2 *filhos de Francisco*, já estava pronto para dar vida ao jovem Chico.

Paulo Goulart e Ana Rosa, espíritas que conviveram com Chico em Uberaba, se uniram ao grupo, entusiasmados com o roteiro escrito por Marcos Bernstein (de *Central do Brasil*) e lapidado por Daniel, ao lado da diretora-assistente Cris D'Amato e de Carlos Alberto Ratton (responsável pela regionalização dos diálogos) ao longo de nove versões – ou "tratamentos" – até o primeiro grito de "*ação!*".

– É o meu *Ben-Hur* – definiu Daniel, sorridente, em nosso primeiro encontro, a superprodução de R$ 11 milhões, cifra respeitável para os padrões brasileiros.

O custo incluía o deslocamento por quatro cidades (Rio de Janeiro, Tiradentes, Paulínia e Uberaba), a montagem de uma redação de revista dos anos 1940, de um tribunal dos anos 1970 e de um cemitério de 1915, o voo turbulento em um avião cenográfico e outras extravagâncias inevitáveis em uma história que começa em 1910, com o nascimento de Chico, e atravessa décadas marcadas por altos e baixos, perseguições e redenções.

Na minha primeira visita ao QG de *Chico Xavier*, faltavam catorze dias para o início das filmagens, e Daniel estava às voltas com a escolha das perucas e próteses dentárias que seriam usadas por Nelson Xavier e Ângelo Antônio para dar forma e vida ao médium.

O filme tinha tudo para dar certo... e para dar errado. Uma peruca malfeita, um efeito especial improvisado, a aparição de fantasmas no meio da trama – qualquer deslize transformaria o sucesso esperado em fracasso garantido. Bastava o público rir na hora errada para a saga virar comédia. Todo cuidado era pouco... e todo cuidado começava a ser tomado. O sotaque mineiro de Chico, por exemplo, seria lapidado pela atriz Cynthia Falabella e pela professora de prosódia Babaya, encarregadas também de afinar o tom de Nelson, Ângelo e Matheus Costa (o Chico menino) no papel-título.

Sempre entusiasmado, o produtor-executivo Julio Uchôa percorria, com sua

"Chico teve uma vida suave
que causou grandes repercussões.
Ver Nelson Xavier e Ângelo Antônio
incorporarem este personagem é sensacional."
Marcos Bernstein

Chico no Rio
Chico na venda
João Cândido (pai)
José Xavier
Chico na fazenda modelo
Fazenda Modelo

ESCOLA ESTADUAL SÃO JOSÉ
1º GRAU

equipe, fazendas de todo o país em busca da "cachoeira perfeita" – o cenário ideal para uma sequência decisiva na história de Chico: o primeiro encontro com o seu guia espiritual, Emmanuel.

Depois de localizar *a* cachoeira, Julio partiu para o próximo desafio: garantir o acesso da equipe a uma legítima igreja mineira para registrar cenas fundamentais da infância de Chico – as suas primeiras visões. Julio encontrou o altar que procurava, mas foi enxotado de lá (esta é a palavra) pelo bispo da cidade. Até empurrões recebeu enquanto ouvia um sermão e as últimas palavras episcopais:

– As portas das igrejas de Minas estão fechadas para Chico Xavier!

Enquanto pesquisava locações e corria o risco de ser excomungado, Julio penava para levantar patrocínio para o *Ben-Hur* de Daniel. Poucas empresas demonstravam interesse em investir no projeto, apesar da popularidade do personagem, das bilheterias espetaculares de Daniel (*Se eu fosse você 1* e *2*, *A partilha*, *A dona da história*), dos grandes nomes do elenco e da adesão da Globo Filmes e da Sony Music ao projeto da Lereby de Daniel Filho e da Downtown Filmes de Bruno Wainer.

– Como assim? – era o que Julio ainda se perguntava, sem coragem de confirmar sua suspeita.

Em um país tão católico e cada vez mais evangélico como o Brasil, grandes empresas acostumadas a aplicar capital incentivado no cinema por meio da Lei Rouanet temiam vincular sua marca a um personagem tão espírita e polêmico quanto Chico.

Era preconceito puro e simples, como o que Chico Xavier enfrentou ao longo de seus 92 anos de vida e o que comecei a experimentar há quinze anos, quando desembarquei pela primeira vez em Uberaba com o projeto de escrever a biografia de Chico.

– Chico Xavier? Não é Chico Buarque, Chico Mendes, Chico Anysio? – perguntavam colegas de jornalismo.

Por que contar a história daquela figura extravagante, de peruca e ternos mal-ajambrados, tão conhecido – e controvertido – por colocar no papel mensagens assinadas por espíritos?

– Por interesse jornalístico – eu respondia.

Alguns dados impressionantes intrigavam o jornalista cético. Chico, então com 84 anos, tinha escrito mais de quatrocentos livros, vendido mais de vinte milhões de exemplares e doado toda a renda dos direitos autorais a instituições beneficentes.

– Os livros não me pertencem. Eu não escrevi nada. Eles, os espíritos, escreveram – repetiu ao longo de décadas, desde o lançamento do primeiro livro, *Parnaso de além-túmulo*, em 1932, enquanto era investigado, perseguido, processado e, finalmente, idolatrado por milhões de brasileiros que viam nele uma antena poderosa, capaz de captar mensagens do além.

Levantei as primeiras informações sobre o líder espírita nos arquivos do *Jornal do Brasil*, arrumei a mala e aterrissei em Uberaba em um sábado, dia de sessão no Grupo Espírita da Prece, "o centro do Chico".

Já naquela noite recebi a primeira má notícia: castigado por sucessivas crises de angina e pneumonia, Chico estava de cama, recolhido, e já não ia ao centro havia vários meses por recomendação médica.

A casa simples, cimento no chão e telhas no teto, estava quase vazia quando ocupei um dos bancos de madeira, em frente à mesa a que Chico costumava se sentar para ler o evangelho e psicografar mensagens particulares, as cartas dos mortos para seus familiares.

Quando Chico estava lá, a multidão se aboletava nas janelas, lotava a varanda, tomava conta dos jardins floridos e se aglomerava na rua, entre carros e ônibus vindos de todo o país. Entre os visitantes, pais e mães atormentados pela dor da perda dos filhos – gente que precisava, desesperadamente, de uma prova da sobrevivência dos mortos em outra dimensão.

"E agora?" – pensei. Doente, Chico não apareceria, e um jornalista novato e desconhecido como eu não teria a menor chance de entrar na casa dele para uma entrevista. Parentes e amigos fechavam o cerco em torno dele para preservar sua saúde e garantir um mínimo de privacidade. Um dos guardiões mais devotados era seu filho de criação, Eurípedes.

Eu pensava em como me aproximar de Chico quando a primeira surpresa de uma série aconteceu: sem que ninguém esperasse, um Chico alquebrado surgiu no salão, caminhou a passos lentos até a cabeceira da mesa e sentou-se a dois metros de onde eu estava. Outros seis visitantes testemunharam a aparição.

Chico acenou para todos em silêncio, esboçou um sorriso tímido, sussurrou um boa-noite, abriu uma página de *O livro dos espíritos* e iniciou a leitura de um trecho da obra de Allan Kardec com um fio de voz. Não prestei atenção no texto nem fiz nenhuma anotação. Só pensava em como me aproximar, me apresentar e sair dali com a autorização para a biografia.

De repente, comecei a sentir umas gotas caírem pesadas sobre a minha camisa branca. Olhei para o teto em busca de uma goteira, e nada. Não chovia

s da cidade de Recife com carroceria Caio-Norte.

Ford coupê 1941 marrom

Pick up Ford vinho 1930

Pick up Chevrolet 1927 verde e preto

AUTOMOVEIS 1930

ELENCO

1. CHICO XAVIER - 60/80 - NELSON XAVIER
2. CHICO XAVIER - 20/50 - ANGELO ANTONIO
3. CHICO XAVIER - 8/12 - MATHEUS COSTA
4. EMMANUEL - ANDRÉ DIAS
5. GLÓRIA - CRISTHIANE TORLONI
6. ORLANDO - TONY RAMOS
8. RAFAEL - CADU FAVERO
9. SAMUEL - APRESENTADOR - PAULO GOULART
10. ASSISTENTE DE PRODUÇÃO - PABLO SANABIO
11. LETÍCIA PINGA FOGO - GLAUCIA RODRIGUES
12. MENEZES DE ASSIS - THELMO FERNANDES
13. DANIEL PINGA FOGO - LUIS SERRA
14. JOÃO LEONARDO PINGA FOGO - DANIEL
15. JOÃO CANDIDO - 40/ 60 - LUIS MELLO
16. MARIA (MÃE)
17. CIDÁLIA (MADRASTA)
18. RITA (MADRINHA) - GIULIA GAMM
19. PADRE SCARZELO - PEDRO PAULO RANGEL
20. PADRE JULIO MARIA
21. JOSÉ (IRMÃO MAIS VELHO) - OSVALDO MIL
21A. JOSÉ (IRMÃO CRIANÇA)
22. LÚCIA (IRMÃ) - LARISSA VEREZA
22A. LÚCIA (IRMÃ 5 ANOS)
23. CAMORSINA (IRMÃ) - CARLA DANIEL
24A. CARMOSINA (IRMÃ CRIANÇA)
25. RAIMUNDO (IRMÃO)
25A. RAIMUNDO (IRMÃO CRIANÇA)
26. ALTAIR (SOBRINHO) - SAMUEL DE ASSIS
26A. ALTAIR (6 ANOS)
27. LIND/PENHA - CASSIO GABUS MENDES
28. MATHIS/ CEVERT - GUILHERME FONTES
29. CLEIDE - ROSI CAMPOS
30. EURIPEDES
31. FELICIANO
32. PERÁCIO - ANSELMO VASCONCELOS
33. CARMEM PERÁCIO - ANA ROSA
34. VIVALDO
35. IARA - CASSIA KISS
36. SALVADOR
37. EDUARDO
38. PRESIDENTE DA FEDERAÇÃO ESPÍRITA
39. PREFEITO DE UBERABA - FERNANDO EIRAS
41. TIAGO (IRMÃO)
43. PASTOR ELIAS
44. EMILIANO (MARIDO RITA) - PAULO VESPÚCIO
45. MOACIR - 12A
47. GENI (ESPOSA DE JOSÉ)
48. PACHECO (MARIDO NEUSA)
50. DORA (CAFETINA) - VIA NEGROMONTE
51. LEA (PROSTITUTA) - ADELAIDE DE CASTRO
52. PAULO TORRES
53. OFTALMOLOGISTA
54. PROFESSORA ROSÁRIA - CYNTHIA FALABELA
55. ALUNA ROSA
56. ALUNO 1
57. ALUNO 2
58. PROMOTOR
59. JUIZ - DANIEL FILHO
64. MÉDICO DE JOSÉ
65. COMANDANTE
66. PADRE DO AVIÃO
67. PASSAGEIRO ao LADO - AÍLTON GRAÇA
68. PASSAGEIRO 1
69. PASSAGEIRO 2
70. PASSAGEIRO 3
72. OFICIAL DE JUSTIÇA
73. JORNALISTA 1
75. MÃE DAS ENSANDECIDAS
76. ENSANDECIDA 1
77. ENSANDECIDA 2
78. ENSANDECIDA 3
79. ENSANDECIDA 4
80. HOMEM COM BÍBLIA
81. HOMEM SEM BÍBLIA
82. TENÓRIO (ESPÍRITA)
83. CATÓLICO MANIFESTANTE
84. CATÓLICO MANIFESTANTE 2
85. ESPECTADOR (CENTRO LUIZ GONZAGA
86. ESPECTADOR 2 (CENTRO LUIZ GONZAG
87. AGRICULTOR
88. SENHORA COM PERNA INCHADA
91. CARTEIRO
93. DOENTE COMPRA LUGAR NA FILA
95. TANIA
96. WALCYR
97. SENHORA (MÃE DA LUDI)
98. LUDIMILA
99. MOTORISTA DO CHICO
100. REPÓRTER TV - HELIO RIBEIRO
101. CRIANÇA QUE DÁ O CACHORRINHO
102. MÉDICO DE CHICO EM SP
104. CELESTE

GERALDA (IRMÃ CRIANÇA)
LUIZA (IRMÃ CRIANÇA)
MARIA CÂNDIDA (IRMÃ CR

em Uberaba. Na dúvida, mudei de lugar no banco, mas as gotas continuaram a cair. Só depois de algum tempo percebi que elas vinham dos meus olhos. Escorriam sem explicação e sem nenhuma emoção especial.

Mais tarde, passei a chamar este episódio – que demorei muito a admitir – de "Lágrimas inexplicáveis".

No final da sessão, me aproximei de Chico Xavier e fui direto ao assunto:

– Chico, sou jornalista lá no Rio de Janeiro e vim pedir autorização para escrever sua biografia.

Ele me encarou em silêncio e disse com a voz mansa e firme:

– Só Deus autoriza.

Reagi à resposta mineira com uma provocação:

– E Deus autoriza?

Chico olhou para o alto e, depois de alguns instantes, deu a resposta:

– Deus autoriza. Converse com meus amigos e com minha família. Não posso falar agora. Recomendação médica. Tô muito doente.

No dia seguinte, confiante, procurei Eurípedes para marcar uma ida à casa de Chico. Seria apenas uma visita, só para conhecer o lugar por onde passaram celebridades como Roberto Carlos e Xuxa e figuras polêmicas como o ex-presidente Fernando Collor de Mello, três admiradores do médium.

– Nem pensar – foi a resposta de Eurípedes. Cabia a ele a difícil missão de proteger Chico e dizer *não* pelo pai.

Diante dessa segunda má notícia, o jovem repórter apelou para outro filho de criação de Chico, Vivaldo, responsável pela catalogação da obra do pai. Era ele quem datilografava, arquivava ou encaminhava para publicação os textos escritos por Chico Xavier.

Na época, tomei uma decisão que não tomaria hoje: disse a Vivaldo que estava escrevendo uma reportagem sobre espiritismo para uma revista e precisava de informações para fechar a matéria.

– Estou em Uberaba. Será que você pode me receber?

– Claro, sem problemas – concordou.

Vivaldo morava em um anexo da casa de Chico e eu me senti vitorioso quando cruzei, naquela mesma noite, o portão proibido – pela entrada dos fundos, é verdade.

O cômodo acanhado, com móveis puídos e paredes descascadas, abrigava pilhas e pilhas de livros e pastas com originais amarelados. Fiquei sentado ao lado de Vivaldo no sofá estreito, com o gravador ligado e uma ficha repleta de

perguntas.

Comecei pelas questões mais fáceis e guardei para o final as mais delicadas (peruca, opção sexual, vaidade). Quando estava prestes a entrar no terreno movediço, a conversa foi interrompida pela campainha.

– É meu pai. Ele tem um interruptor ao lado da cama. Deve estar precisando de ajuda. Só um minuto.

Mal Vivaldo sumiu pela fresta da porta, senti minha mão direita – a que segurava a caneta – esquentar violentamente, como se estivesse pegando fogo. O único impulso que tive foi o de pular até a porta, girar a maçaneta e correr para o quintal. Era uma noite fria em Uberaba, e comecei a sacudir a mão de um lado para o outro, tentando me livrar daquele calor insuportável.

Ainda estava lá, balançando a mão, quando Vivaldo apareceu na varanda e disse com expressão contrariada:

– Parabéns. Meu pai mandou dizer que seu livro vai ser um sucesso.

Envergonhado, pedi desculpas, entrei na casa outra vez para buscar o gravador e a caneta e me despedi.

Mais tarde, batizei este segundo episódio – que também demorei muito a ter coragem de contar – de "Mão pegando fogo".

Os dois fenômenos, "Lágrimas inexplicáveis" e "Mão pegando fogo", deixaram desconcertado aquele jovem jornalista cético, mas fui em frente e entrevistei mais de cem pessoas, entre amigos e dissidentes de Chico, para produzir o retrato de um dos personagens mais intrigantes do Brasil.

Só quando coloquei o ponto final na biografia, consegui olhar para trás e resumir a história: a saga de um menino pobre, mulato, filho de pais analfabetos, nascido no interior de Minas Gerais, que, primeiro, vira um escândalo nacional ao passar para o papel textos assinados por mortos e, com o tempo – depois de ser perseguido, atacado e processado –, transforma-se em ídolo nacional, a ponte mais confiável entre o mundo dos vivos e o dos mortos.

Este é um homem que sempre esteve na contramão do consumismo e do individualismo, movido por três forças poderosas: o sentido de missão (difundir a caridade e a doutrina espírita no Brasil), o sentido de doação (fazer bem ao outro, sem esperar nada em troca) e o sentido de aceitação (Chico aceitava e, muitas vezes, agradecia as doenças, dores e perseguições, que, segundo ele, o faziam aprender e crescer).

Aos adversários que esperavam o dia em que ele iria cair (desmascarado como fraude, por exemplo), Chico dizia:

– Não vou cair porque nunca me levantei.

É esta história, uma saga com sequências de *thriller* e melodrama, que Daniel Filho leva ao cinema.

Aos 72 anos – que parecem bem menos –, calejado por sucessos retumbantes na televisão (como *Dancin' days* e *Malu mulher*), fenômenos seguidos de bilheteria e críticas constantes ao seu "estilo televisivo" de fazer cinema, Daniel encerraria as filmagens de *Chico Xavier* emocionado, mas ainda convicto de sua condição religiosa: ateu.

Hoje você acredita que existe vida após a morte? Quais as principais lições de Chico Xavier? O que mudou na sua vida depois de conhecer esta história? Chegou a vez de Daniel Filho responder a perguntas como essas. E de você, leitor, buscar suas próprias respostas.

> "Chico é tudo o que podemos chamar de um bom homem. Todo ser humano, independentemente de sua religião, deveria mirar no amor ao próximo como Chico fez durante toda a vida."
> *Eurípedes Higino dos Reis, filho de criação de Chico*

PINGA FOGO 1971
APRESENTADOR
CONVIDADOS
CEZ HENRIQUE
TÉCNICOS
PINGA FOGO 2
PINGA FOGO

Elas de novo

Daniel resistiu muito a assumir a direção de *Chico Xavier*. Durante três anos, atuou nos bastidores do projeto, como produtor-executivo da Lereby e consultor da Globo Filmes. Entrou em contato com diretores, discutiu propostas com outros roteiristas... e nada. Até cineasta com medo de fantasma apareceu – e desapareceu – no meio do caminho.

O projeto não andava, o centenário de Chico se aproximava e uma decisão tinha de ser tomada.

Um encontro com Rodrigo Saturnino, da Sony, foi decisivo.

– Você não era amigo do Vanucci? – perguntou Rodrigo.

Augusto César Vanucci, espírita convicto, era diretor da TV Globo nos anos 1980, quando liderou a campanha pela indicação de Chico Xavier ao Nobel da Paz e produziu uma série de especiais sobre espiritualismo na emissora do católico Roberto Marinho.

– Éramos amigos, sim. Gostava muito dele.

– Então? Pelo Vanucci, faz, Daniel.

O diretor de *Se eu fosse você* e de outros sucessos profanos do cinema nacional titubeava.

– Você acha que eu, tão cético, dirigiria bem um filme como esse?

– Tenho certeza.

Daniel voltou para casa e durante o jantar com Márcia, sua mulher na época, deu a notícia:

– Vou dirigir *Chico Xavier*.

Naquele instante, lágrimas começaram a escorrer pelo seu rosto.

– O que está acontecendo? – perguntou Márcia.

As lágrimas jorravam.

– Não sei.

Nenhum soluço, nenhuma emoção especial.

– Tá pensando no Vanucci?

– Não.

– É o Chico?

– Não.

Daniel levantou-se para se olhar no espelho atrás da mesa. Lá estavam elas – as lágrimas inexplicáveis.

A bênção

Antes de assumir a direção do projeto, Daniel foi ao Grupo Espírita da Prece, em Uberaba. O filho de criação do médium, Eurípedes – hoje à frente do centro fundado por Chico na cidade mineira –, recebeu-o para uma conversa decisiva.

Daniel precisava da licença da família – ou de Chico mesmo, quem sabe? – para entrar naquele território movediço, onde vivos e mortos se encontram.

A pressão em torno dele era grande. "Uma torcida, uma corrente", como define o diretor. Caberia a ele, um ateu, a tarefa de reconstituir os altos e baixos da trajetória de um homem considerado santo por milhões de brasileiros.

Daniel visitou o centro e a casa simples de Chico, hoje transformada em museu, falou de seu ateísmo, resumiu a história que pretendia contar e voltou de Uberaba com carta branca para retratar um dos principais líderes religiosos do país.

Nenhum senão, nenhum veto a qualquer tema relacionado à vida de Chico foi imposto ao cineasta.

– Fomos abençoados – festejou o diretor no voo de volta ao Rio de Janeiro, admirado por não ter encontrado resistências, apesar de sua falta de religiosidade.

Chico nunca cobrou fé de ninguém. A maioria dos visitantes de seu centro – 80%, segundo cálculos do filho de criação do médium, Eurípedes – não era espírita. E foi ali, no Grupo Espírita da Prece, que Chico teve a seguinte conversa com uma das visitantes:

– Chico, meu marido é um homem maravilhoso. Bom pai, bom filho, bom avô, bom companheiro. Só tem um defeito grave: não é espírita.

O médium abriu um sorriso:

– Mas, se ele é tudo isso, não precisa ser espírita de jeito nenhum. Já está bom demais. Não mexe não.

> "A maior herança de Chico foi seu exemplo de vida. Ele viveu uma vida inteira de amor ao próximo."
> *Eurípedes Higino dos Reis*

A dor maior

O telefone começou a tocar na casa de atores como Tony Ramos e Cristiane Torloni em maio de 2009. Do outro lado da linha, produtores da Lereby faziam um convite misterioso.

Daniel estava preparando um novo filme e gostaria muito de recebê-los em um encontro informal para a leitura do roteiro.

Poucos convidados além de Nelson Xavier sabiam qual seria o tema (podia ser, por exemplo, *Roque santeiro*, outro projeto já anunciado) ou os personagens em jogo.

Todos aceitaram a proposta e se reuniram em torno da mesa na produtora de Daniel Filho, com a missão de testar a fluência das falas e a força da narrativa do texto assinado por Marcos Bernstein.

Cristiane Torloni sentou-se ao lado de Tony Ramos diante da pilha de papéis identificada com um nome: Glória. Caberia a ela dar voz a essa personagem.

Nelson Xavier começou a leitura com a entonação e a expressão mansas do velho Chico e, aos poucos, a história foi se construindo diante dos atores.

Tony Ramos era Orlando, diretor da TV Tupi, e conduzia a transmissão ao vivo da entrevista do programa que transformou Chico Xavier em celebridade nacional: o *Pinga-Fogo*, de 1971.

Na plateia, olhos marejados, estava a Glória de Cristiane Torloni.

Com o tempo, ao longo da leitura do roteiro, a relação entre o diretor e a espectadora ficou mais clara. Glória e Orlando eram marido e mulher e enfrentavam uma crise.

Algumas páginas depois, o motivo da crise se revelou. O casal vivia um drama: a perda de um filho.

"A primeira leitura foi devastadora."
Cristiane Torloni

PROD.
ROLL
CO47
DIRECTOR
CAMERA

“Eu não poderia recusar este papel.”
Cristiane Torloni

Neste instante, na fala sofrida de Glória, Cristiane interrompeu a leitura e desabou em uma crise de choro incontrolável.

Todos à mesa sabiam. A atriz conhece essa dor. São dezoito anos de um sofrimento silencioso que começou em 1991, com a morte de seu filho Guilherme aos 12 anos, em um acidente de carro.

Tony assumiu o lugar da colega para continuar a leitura, e Daniel se aproximou da amiga para se desculpar.

Ele era padrinho de batizado do menino.

– Desculpa. Mil desculpas. Eu não devia ter feito este convite. Pensei que pudesse te fazer bem de alguma maneira.

Uma catarse talvez ajudasse a aliviar o sofrimento de tantos anos. Talvez.

– Escolhe outra personagem, Cris.

Cristiane enxugou as lágrimas.

Sua história com Daniel começou há quase 35 anos, ao fazer seu primeiro papel na televisão, sob a direção dele, na novela *Duas vidas*, de Janete Clair. Os amigos se tornaram namorados durante as filmagens do longa-metragem *O beijo no asfalto* e mais tarde viraram compadres, quando ela já estava casada com Dênis Carvalho.

– Daniel sempre foi um guardião pra mim. Alguém que nunca me ofereceria um papel como este por mal.

Cristiane sobreviveu à sua dor – uma dor, que, como diz, "não tem cura, só manutenção". Nesse processo, foi confortada por outras mães enlutadas e amparada por espíritas de todo o mundo quando se exilou por três anos, logo depois do acidente, em Portugal.

– Não desista – pediam as cartas.

Em volta da mesa na Lereby, estava um dos companheiros que telefonaram para Cristiane no primeiro mês da tragédia: o ator espírita Carlos Vereza. Ele tinha recebido uma mensagem no Centro Espírita Frei Luiz, no Rio de Janeiro. Nesta carta psicografada, Cristiane encontrou a resposta para uma pergunta que tinha se feito no auge da dor.

– Essa carta me ajudou muito – diz, sem entrar em detalhes.

A atriz, que se define como espiritualista e nunca foi a um centro em busca de mensagens, recorreu ao trabalho duro para lidar com o luto.

– O trabalho cura – garante.

E foi esse empenho que ela decidiu doar às mães e pais enlutados em *Chico Xavier*.

– Não, Daniel. Eu quero fazer, eu vou fazer este papel.

E fez.

A cena em que Cristiane alisa a cama do filho é uma das mais fortes do filme. O "ápice da dor", como define a atriz, está nela, e muito além da representação.

> "Cristiane teve a coragem de fazer essa delicadeza com a gente: deixar aparecer a dor."
> *Daniel Filho*

“Fé para mim é um rochedo,
um escudo e um refúgio.”
Cristiane Torloni

O fio da vida

Trabalho – e trabalho em favor do outro – era a receita de Chico Xavier para as mães e os pais destroçados pela perda de seus filhos.

– Ajude o outro e você vai estar se ajudando – dizia.

A receita tinha um efeito prático imediato. Afastava os pais da própria dor e os colocava em contato com os sofrimentos e necessidades de outras famílias. Arrancava da apatia, da revolta e dos antidepressivos gente já sem forças ou razão para viver.

– O trabalho engrossa o fio da vida – Chico definia.

Na ponta do lápis

Esta foi a primeira cena dirigida por Daniel para o longa: o *trailer* promocional do filme, produzido quando *Chico Xavier* ainda estava em fase de pré-produção e captação de recursos.

Sozinho diante da mesa, Nelson Xavier respira fundo, equilibra o lápis sobre o papel, fecha os olhos e começa a preencher páginas e páginas em branco com frases quase ilegíveis.

Este ritual – a psicografia – foi, semana a semana, anos a fio, a cena mais aguardada por multidões de todo o Brasil aglomeradas no centro espírita de Chico em Uberaba. Uma cena que se repetia em sessões públicas aos sábados à noite diante de espectadores sempre silenciosos.

Naquele instante, enquanto o lápis deslizava sobre o papel, dois mundos se cruzavam no Grupo Espírita da Prece: o mundo dos vivos e o dos mortos. Para pais e mães atormentados pela perda dos filhos, aquele era um momento decisivo. Choros e soluços vindos da plateia costumavam quebrar o silêncio.

Será que meu filho enviaria uma mensagem através de Chico? Onde e como ele está? Com quem? Sentiu dor no momento da morte? Quem o recebeu do outro lado? Por que foi embora tão cedo?

"Falei pro Nelson: 'E agora? Dois ex-comunistas, dois ateus, juntos num filme sobre Chico Xavier. Como vamos fazer?'."
Daniel Filho

Pais e mães em desespero – sem fome, sem sono, muitas vezes castigados pela culpa de não terem conseguido evitar a tragédia (um acidente de carro ou um afogamento, por exemplo) – fechavam os olhos e rezavam para receber uma carta assinada pelo filho morto.

No final, Chico colocava os óculos de volta no rosto e iniciava a leitura das mensagens da noite, seis, em média, a cada sessão.

– Mamãe querida... Papai querido...

E lá vinham nomes, sobrenomes, apelidos, detalhes sobre o instante da morte ou a intimidade da família: a última conversa, uma confidência, referências a objetos e animais de estimação.

Cartas como essas eram recebidas pelos parentes enlutados com a força de novas certidões de nascimento, prova de que os mortos queridos continuavam vivos (e bem) em outra dimensão.

Aos que imploravam por uma mensagem psicografada que nunca vinha, Chico apontava para o alto e repetia:

– O telefone só toca de lá pra cá.

A primeira cena filmada por Nelson é ilustrada por perguntas incômodas inseridas em *letterings* sobre o fundo escuro:

Fenômeno? Fraude?

Louco? Santo?

Os espíritos existem?

Existe vida após a morte?

Estas dúvidas e desconfianças acompanharam Chico até o fim.

"Senti, desde o início, uma força muito poderosa: a presença de Chico."

Nelson Xavier

Lembra aquele pedido?

A semelhança entre Nelson e Chico Xavier é impressionante e continua longe das câmeras, na voz e nos gestos suaves deste ator de 68 anos, 48 filmes e papéis inesquecíveis no teatro e na televisão, em que ficou marcado por seu desempenho como o líder cangaceiro Virgulino Ferreira, o Lampião.

Chico Xavier foi o único papel que Nelson pediu para fazer em toda a sua carreira. Telefonou para Daniel ao saber do projeto do filme e se candidatou:

– Se você achar que estou muito velho, faço uma plástica – brincou.

A resposta de Daniel demorou dois anos para chegar e também veio pelo telefone, em meados de 2008.

– Lembra aquele pedido que você me fez?

– Qual pedido? – Nelson já nem se lembrava mais.

– Bem, se ainda estiver de pé, você é o meu Chico Xavier.

Nelson agradeceu, desligou o telefone e caiu em um choro compulsivo. O primeiro de uma série.

"Todo personagem tem uma emoção específica, mas com o Chico é diferente. Não é emoção. É transbordamento. É arrebatador."
Nelson Xavier

Os ternos de Chico

Antes das filmagens, Nelson foi a Uberaba visitar a casa em que Chico viveu e o centro onde recebeu multidões vindas de todos os cantos do país em busca de conselhos e consolo.

O filho adotivo de Chico, Eurípedes, fez as honras e presenteou o ator com três ternos usados pelo médium em ocasiões especiais, como a longa entrevista para o programa *Pinga-Fogo*, da TV Tupi, e as muitas homenagens recebidas vida afora.

Nelson doou dois ternos para a equipe de figurino e fez questão de guardar o outro.

Filho de mãe espírita, já falecida, e estudiosa da obra de Allan Kardec, o ator nunca se identificou com a doutrina. Engajado, comunista, era um homem sem fé, apesar de haver testemunhado na infância fenômenos como a materialização de espíritos.

Ao mergulhar na história do médium, Nelson se transformaria:

– Foi preciso que Chico me convencesse da realidade desses fenômenos.

"A primeira coisa que falei para o Nelson foi o seguinte: 'Tenho duas honras. Uma é trabalhar com você e a outra é interpretar o Chico'."
Ângelo Antônio

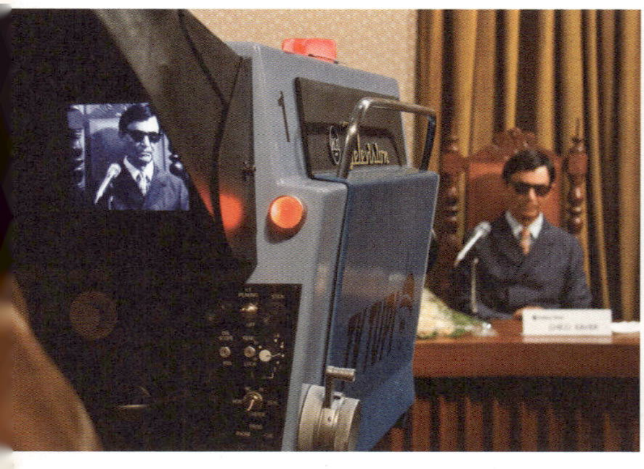

O perfume de todos

Mineiro de Curvelo, o ator Ângelo Antônio também percorreu o mundo de Chico Xavier antes de dar vida ao jovem Chico. O *tour* começou em Pedro Leopoldo, cidade em que Chico nasceu em 1910 e onde fundou seu primeiro centro espírita, em atividade até hoje.

Marcos fundamentais da história do médium ainda estão de pé em sua cidade natal: a fábrica de tecidos onde o morador mais ilustre começou a trabalhar aos nove anos, a fazenda-modelo na qual ganhou a vida como escrevente, a cachoeira em que teve o primeiro encontro com seu "guia", Emmanuel.

Ângelo Antônio visitou esses cenários centrais da juventude de Chico e encerrou seu *tour* em Uberaba, cidade para onde o médium se mudou aos 49 anos.

Voltou da viagem com dois talismãs na bagagem, dados por Eurípedes: um lenço de algodão com "F. Xavier" bordado em azul e um frasco de perfume com aroma de jasmim, o preferido do médium.

Durante as filmagens, o ator trataria de passar duas gotas do perfume nos pulsos antes de entrar em cena e insistiria em dividir o presente com os outros dois Chicos: Nelson e o menino Matheus.

– O perfume é uma maneira de nós três nos conectarmos.

A fragrância tomaria conta do *set* ao longo de todas as filmagens.

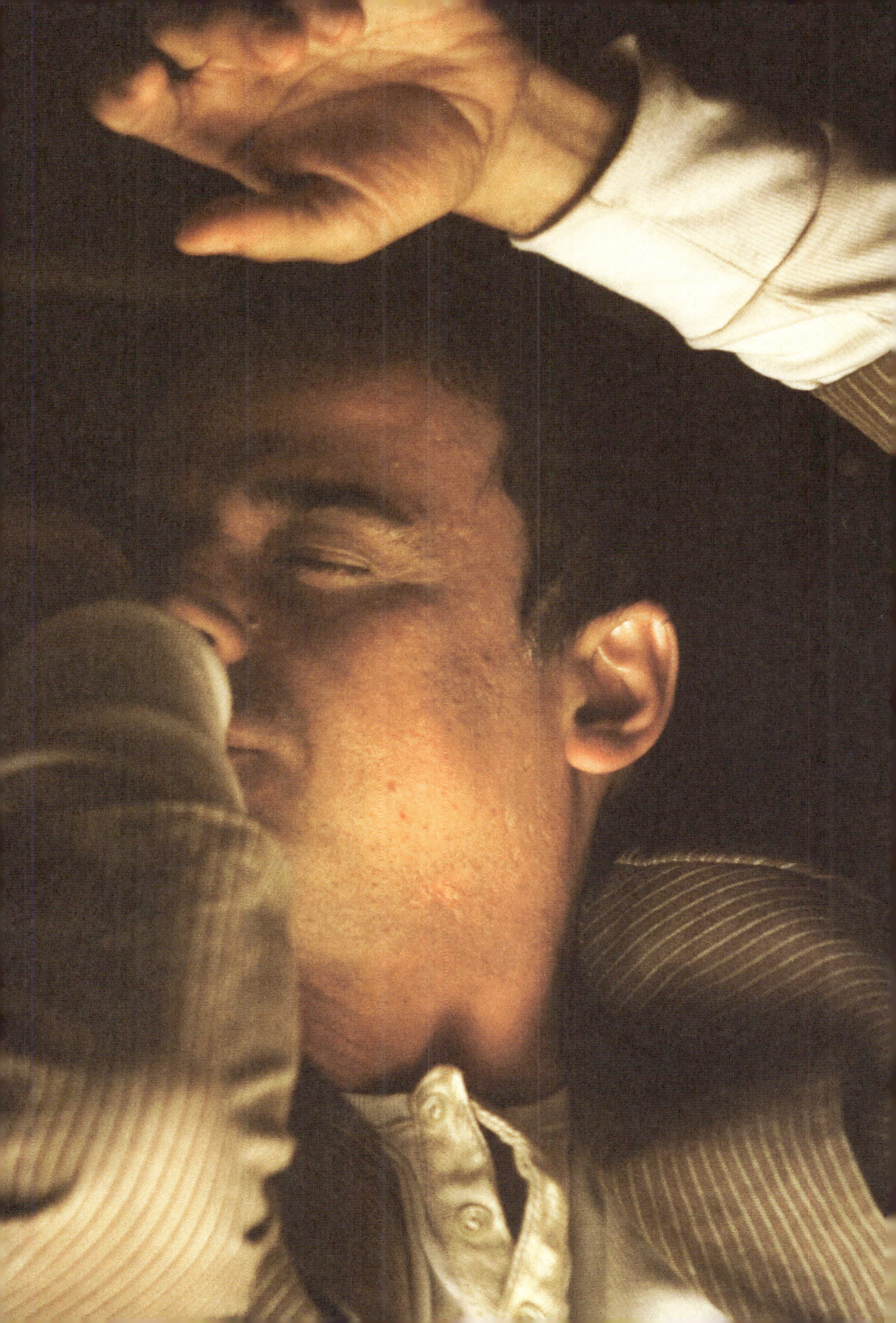

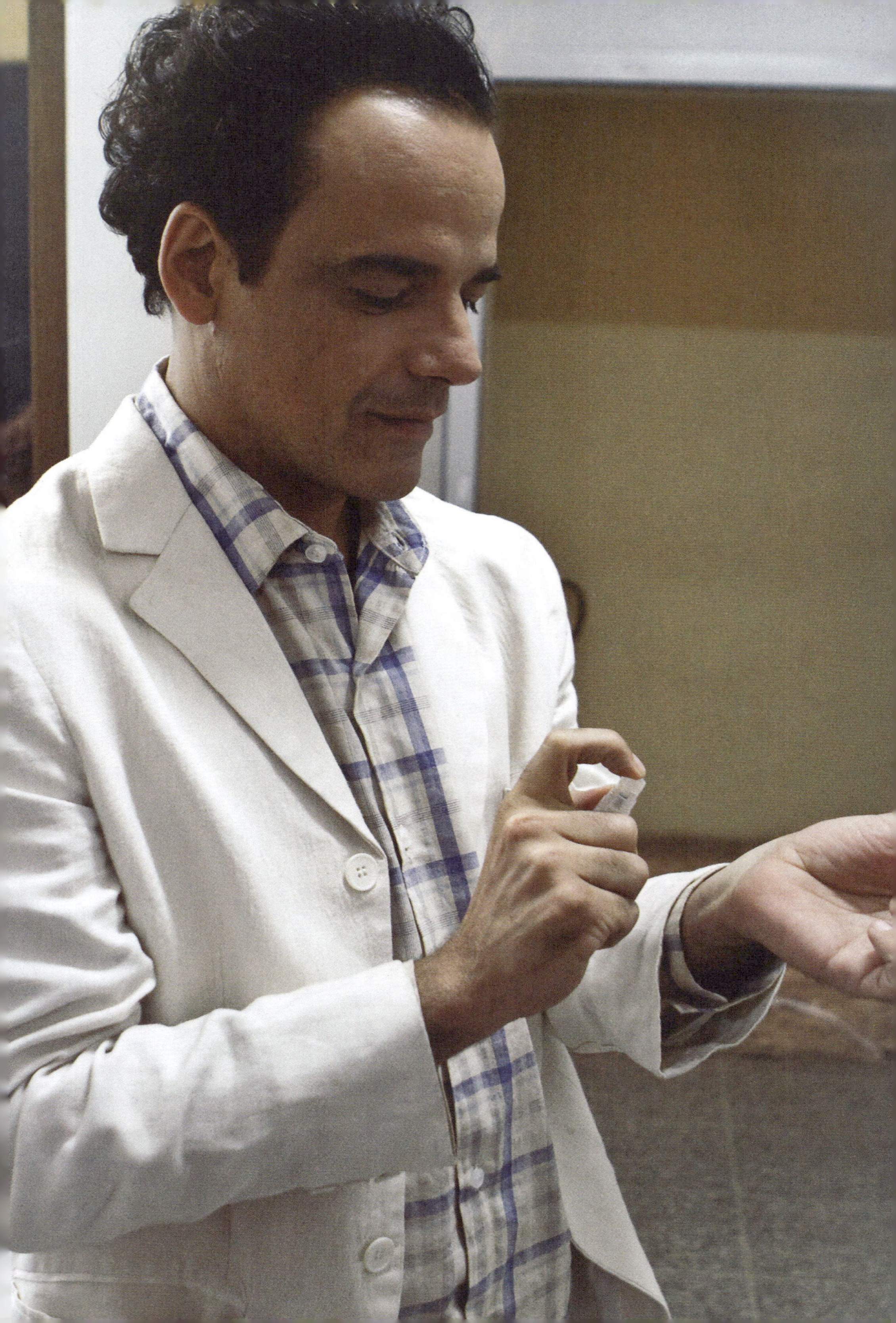

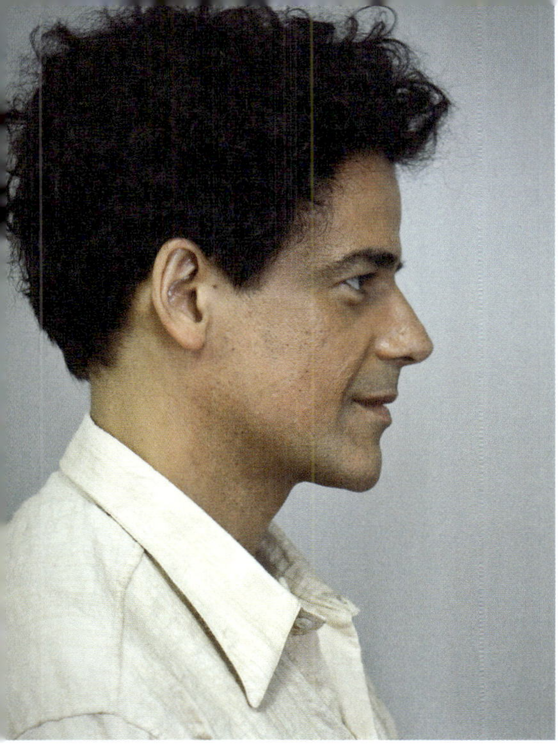

Maquiagem, peruca, um pouco de algodão sob o labio inferior e muita concentração. Aos 45 anos, Ângelo Antônio projeta levemente os dentes de baixo para a frente e se transforma no jovem Chico Xavier. Um Chico encorpado, de cabelos revoltos, bem diferente do Chico maduro, conhecido em todo o país.

Corpo fechado

E aqui estão Daniel e os três Chicos, juntos pela primeira vez.

O comentário de um dos integrantes da equipe de filmagem ao ver o diretor tão bem acompanhado:

– Mais protegido, impossível.

O terreiro de Daniel

E o que Daniel Filho tem a ver com Chico Xavier? O que ele pode saber sobre espíritos?

Muito.

Parece ficção, mas, no auge de sua carreira na TV Globo, nos anos 1970, o então todo-poderoso diretor-geral de alguns dos maiores sucessos da tevê brasileira frequentava, toda semana, um terreiro de umbanda em Realengo, no subúrbio do Rio de Janeiro.

Entre as gravações de campeões de audiência, como Regina Duarte, Tony Ramos, Francisco Cuoco e Tarcísio Meira, ele reservava algumas horas para ser o braço direito da médium Lurdes, mulher do compositor Herivelto Martins, no centro espírita indicado a ele pelo amigo Chico Anysio.

Ao som de atabaques, entre flores e velas, pratos de pipoca e outras oferendas, Daniel teve contato com exus, pombajiras, pretos-velhos e com necessidades e dores de todo tipo: doença, morte, amores e empregos perdidos.

Nunca viu um espírito, nunca sentiu na pele a presença de qualquer entidade, mas sempre acreditou em Lurdes.

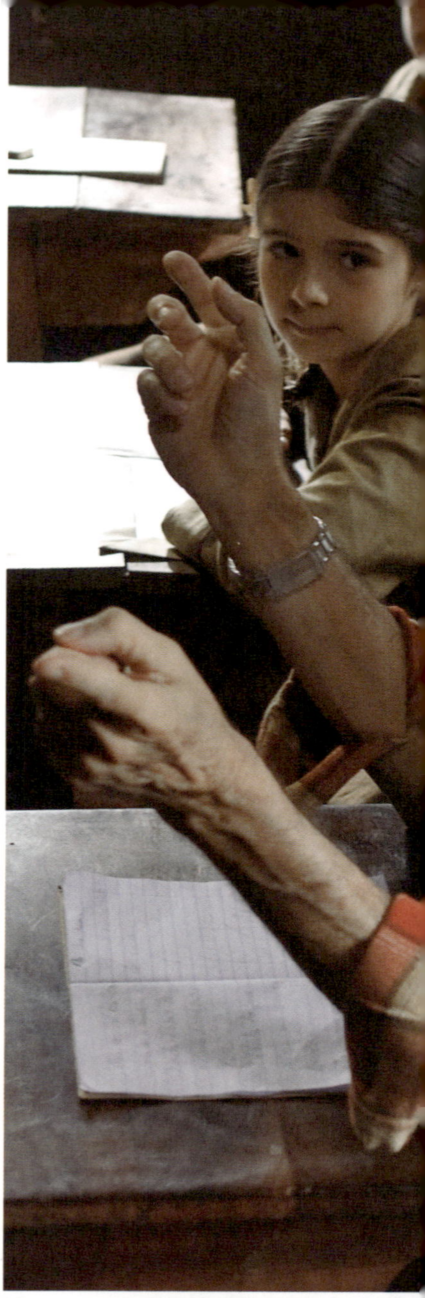

Foram onze anos de contato com a fé.

Uma experiência que o ajudou a entender e a retratar Chico Xavier.

Foi naquele centro que Daniel testemunhou, ou melhor, foi surpreendido pelos efeitos de um descarrego. Uma enxaqueca insuportável o atormentava desde a censura à novela *Roque santeiro* pelo governo militar. Nada aliviava aquela dor.

Amargurado pelo veto ao seu projeto de estimação, Daniel já não ia ao centro havia mais de três meses.

– Vamos até lá. Quem sabe você não melhora? – insistia Betty Faria, a atriz com quem ele era casado na época.

Daniel resistiu o quanto pôde, descrente, mas, vencido pela enxaqueca e pela insistência da companheira, decidiu cruzar a cidade rumo ao terreiro.

– Não vai adiantar nada – reclamava ao volante, a cabeça prestes a explodir.

Ao chegar, foi cercado pelos médiuns, ao som de tambores. Lurdes deu lugar a Exu e a explosão da pólvora queimada no ritual cobriu o terreiro de fumaça. Pronto. A enxaqueca sumiu, e um outro Daniel voltou para casa naquela madrugada.

RED
FILMAGEM

Chico Xavier

O novo fim

Daniel pediu para estampar esta frase de Chico Xavier nas camisetas distribuídas à equipe envolvida na produção do filme:

"Embora ninguém possa voltar atrás e fazer um novo começo, qualquer um pode começar agora e fazer um novo fim".

Chico era um defensor intransigente do hoje e do agora e chegava a perder sua quase infinita paciência quando se aproximavam dele para pedir informações sobre vidas passadas.

– Será que fiz mal a muita gente na outra encarnação e agora estou pagando pelos meus pecados?

Ele reagia a perguntas como essa com uma resposta bastante prática:

– O que importa é esta vida. Esta vida já dá trabalho demais. Cuide dela.

Em vez de perder tempo com o passado ou o futuro, cada um deveria trabalhar duro para fazer o melhor possível agora, já.

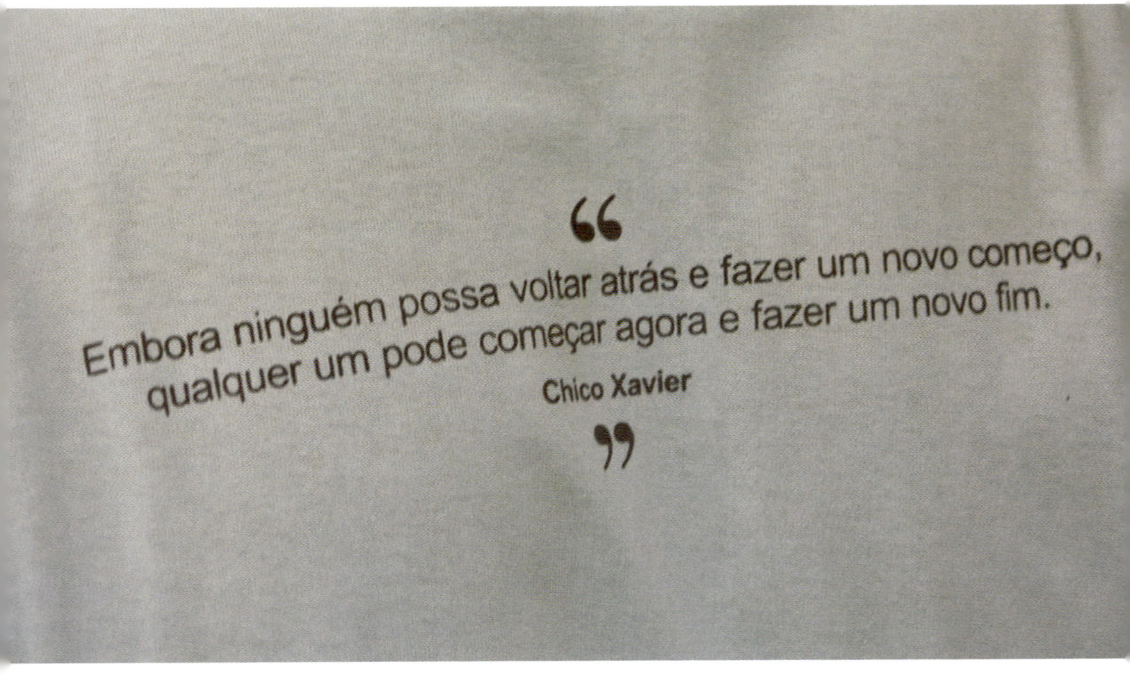

Você acredita?

Vai começar. Daniel cumpre sempre o mesmo ritual no primeiro dia de filmagem de seus longas-metragens: reúne elenco e equipe técnica no *set* e pede para formarem uma roda. É o momento da largada. Hora de motivar o grupo e preparar o terreno para o que vem pela frente: trabalho duro.

O ritual se repete no dia 28 de junho de 2009 no prédio do antigo Palácio da Justiça, no Rio de Janeiro, primeira locação de *Chico Xavier, o filme*.

Cerca de cem pessoas, entre elenco e equipe técnica, rodeiam o diretor e dão as mãos a pedido dele.

– Peço um minuto de reflexão a todos vocês – Daniel inicia seu discurso de arrancada no centro da roda.

– Todos sabem que sou ateu. Por isso mesmo, me sinto muito à vontade pra encarar este desafio. Vamos contar a história de um homem especial, amado por milhões de pessoas. É uma grande responsabilidade esta que vamos assumir juntos, pois há muitos terrestres nos acompanhando a partir de agora e, para quem acredita, muitos do outro lado também...

Três integrantes da roda fazem o sinal da cruz.

– Peço que cada um pense positivamente, por um minuto, no trabalho que vamos realizar. Em silêncio, cada um com a sua crença.

Alguns fecham os olhos, outros balbuciam uma oração, lágrimas chegam a escorrer aqui e ali. Gente de todas as crenças ou de crença nenhuma. Profissionais que, pela primeira vez, entram em contato com Chico ou já o conhecem de longa data.

– Você acredita? – esta pergunta se repetiria nos bastidores ao longo das filmagens.

– Existe vida depois da morte?

Silêncio no tribunal

Tony Ramos se concentra. Orlando – o pai descrente que perdeu o filho – vai viver agora, no primeiro dia de filmagem, um momento decisivo de sua história. A primeira sequência – julgamento filmado no antigo Palácio da Justiça, no Centro do Rio de Janeiro – será também a última do personagem exibida no filme.

No banco de madeira, na plateia do tribunal, Cristiane Torloni e Cássia Kiss – mães divididas por diferentes sofrimentos – se sentam lado a lado e ficam em silêncio, tensas e concentradas, durante todo o tempo, mesmo nos ensaios e intervalos das filmagens.

Tony se preparou para este momento desde a primeira leitura do roteiro. Na véspera da filmagem, leu e releu o texto, repetiu as falas para a mulher, Lidiane, e viu a companheira se emocionar várias vezes ao longo da leitura.

> "Existe vida depois da morte? Essa é minha grande interrogação. Há momentos em que acredito piamente na reencarnação; em outros, a dúvida se instala de forma irreversível."
> *Tony Ramos*

Quando chega no *set*, o ator já carrega a emoção de Orlando, o pai atormentado pela perda do filho único e pela falta de fé. Um homem bem diferente do próprio Tony, católico desde criança, ou melhor, desde a pia batismal – seu nome é herança de Santo Antônio de Pádua.

Um ator que se emociona ao entrar numa igreja e que ali, pouco antes de dar voz a seu personagem, reza um Pai Nosso e pede licença a Deus para entrar no território de Chico Xavier, "o homem adorado por milhões de brasileiros".

Tony teve contato com Chico três vezes ao longo da vida – na TV Tupi durante o *Pinga-Fogo*, em breve passagem por Uberaba e em palestra do médium em São Paulo –, mas nunca se aproximou do médium para conversar. Manteve uma distância respeitosa, que rompe agora diante das câmeras... e do júri.

– Você é espírita? – pergunta o juiz.

A resposta de Orlando – voz embargada, emoção represada prestes a transbordar – pega todos de surpresa no *set* e chega a arrancar lágrimas dos figurantes.

O primeiro dia começa assim – com o clímax.

"Ser católico, protestante ou de outra religião qualquer – nada nos impede de admirar esse homem e o bem que ele sempre praticou em vida."
Tony Ramos

"Acredito na fé sem dogmas,
sem qualquer tipo de comando
ou poder por trás."
Tony Ramos

"No início do filme, Nelson estava frágil e tenso. Um Nelson que eu desconhecia."
Daniel Filho

Caminho sem volta

Naquele mesmo dia, 28 de junho, Nelson veste o terno de Chico para gravar sua primeira cena. Em silêncio, ele deve descer do carro e caminhar até o que seria o prédio da TV Tupi de São Paulo. Só isso.

No banco do automóvel, o ator mentaliza, "Chico, me ajuda", e, naquele instante, sente "a presença". As lágrimas escorrem e Nelson é sacudido por um novo acesso de choro.

Dois meses após o fim das filmagens, o ex-ateu diria, ainda com a voz embargada:

– Chico mudou minha vida. Este é um caminho sem volta.

Hoje Nelson reza todos os dias – coisa que nunca fez.

– Evoco Chico e agradeço. Oro por minha mãe também e peço perdão a ela por não ter respeitado a sua religiosidade.

Com lágrimas nos olhos, resume:

– Resgatei a relação com minha mãe através de Chico.

A alegria dos outros

Segundo dia de filmagens no Grupo Espírita da Prece, o centro de Chico, reproduzido nos estúdios da Herbert Richers, no Rio de Janeiro. Noventa figurantes ocupam os bancos de madeira e lotam o salão, acanhado como nos tempos de Chico Xavier em Uberaba.

Em instantes, Nelson vai entrar no salão e tomar seu lugar à cabeceira da mesa para começar a psicografar cartas particulares, as mensagens dos mortos para suas famílias.

É um momento tenso, solene, de sofrimento e expectativa.

Nelson chega e, com a voz mansa de Chico, diz aos figurantes:

– Hoje vai ser um dia intenso. Precisamos estabelecer aqui uma atmosfera bonita e verdadeira.

O ator encara a cena como sessão.

Era como se Chico estivesse ali.

Em reuniões como esta, com o salão lotado, Chico entrava em contato com gente de todas as crenças e classes sociais.

As conversas muitas vezes se alongavam pela madrugada e geravam situações inusitadas:

Cena 1. Um empresário desabafa. Tem tudo – dinheiro, saúde, família, sucesso –, mas vive infeliz, em um vazio permanente.

Chico mata a charada:

– Falta ao senhor a alegria de ajudar os outros.

Cena 2. Já no fim da vida, atormentado por crises de angina e pneumonia, Chico é saudado com devoção por uma das visitantes, já idosa, e retribui o cumprimento com uma indagação desconcertante:

– Desculpe perguntar, mas a senhora está viva ou morta?

– Viva, Chico.

– Graças a Deus.

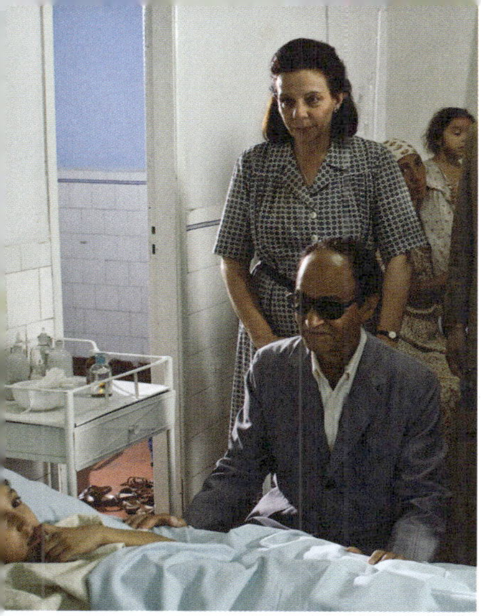

Diante de Chico

Nelson usa os óculos escuros de Chico pela primeira vez e a semelhança entre os dois fica ainda mais impressionante. É assim que ele percorre a enfermaria do Hospital do Fogo Selvagem, uma das instituições apoiadas pelo médium.

O cenário real, em Uberaba, é reproduzido no Rio de Janeiro, nos corredores do Hospital Nossa Senhora das Dores, da Santa Casa de Misericórdia.

Chico percorre os leitos das crianças internadas, conversa e brinca com elas.

Um dos figurantes é um menino que, por muitos anos, vítima de uma doença grave, frequentou hospitais e centros espíritas em busca de socorro.

A mãe observa a cena a distância e, quando Nelson pousa a mão na cabeça do menino, cai em uma crise de choro incontrolável.

– Quem abençoou meu filho foi o Chico Xavier.

Gestos de Chico

Ao longo das filmagens, Nelson beijaria as mãos de muitos figurantes – um gesto típico de Chico. Nos dias de visita e nas longas filas de distribuição de alimentos, era assim que o líder espírita retribuía o carinho de quem beijava as mãos dele.

Anos depois, castigado por sucessivas crises de pneumonia, o médium foi aconselhado por companheiros a evitar um contato tão próximo com os visitantes.

– Quem dera eu pudesse beijar os pés deles – foi a resposta de Chico.

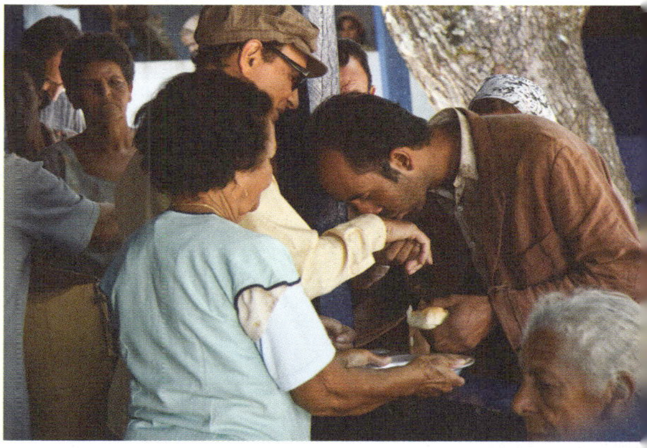

Kodak
Cinema
ProfissionalE
TÍTULO: LEREBY · 'CHICO XAVIER'
SEQUÊNCIA 5A/8A
PLANO 2
TOMADA 1
ROLO: B-023
DIRETOR
DANIEL FILHO
DATA 15.08.09
DIRETOR DE FOTOGRAFIA
NONATO ESTRELA
FILMAGEM
PINGA-FOGO
CHICO

“Eram seis câmeras ao mesmo tempo no *Pinga-Fogo* e deu tudo certo. Eu ficava arrepiada com o Nelson Xavier. Parecia que eu estava vendo o Chico. Impressionante.”
Glaucia Pelliccione, continuísta

Pinga-Fogo

A íntegra da entrevista de Chico Xavier no *Pinga-Fogo* da TV Tupi, em 1971, foi uma fonte de pesquisa fundamental para Daniel Filho. O diretor retirou daquele inquérito, transmitido ao vivo, frases desconcertantes ditas por Chico no programa de entrevistas mais visto do momento.

Sabatinado por um líder católico, um estudioso do espiritismo e três jornalistas – um deles era Saulo Gomes, o primeiro repórter a entrevistá-lo para a tevê, em 1968 –, Chico ficou no ar durante mais de três horas e bateu recordes de audiência ao tratar de temas tão variados quanto polêmicos para o país conservador da época: sexo, drogas, reencarnação, bebês de proveta, catolicismo.

Pinga-Fogo

Pinga-Fogo
SAULO GUIMARÃES
CHICO XAVIER

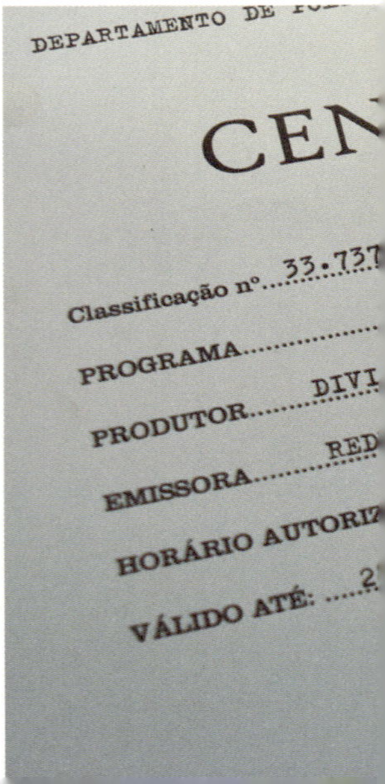
DEPARTAMENTO DE
Classificação nº
PROGRAMA
PRODUTOR
EMISSORA
VÁLIDO ATÉ:

A todo instante, Chico citava os "amigos espirituais" que estavam presentes – entre eles, seu guia Emmanuel – para explicar, por exemplo, como teria posto no papel crônicas, poemas, cartas e romances assinados por mais de quatrocentos "espíritos comunicantes".

Sem titubear, com muita segurança e educação, defendeu a própria mediunidade e aproveitou para contar algumas de suas histórias preferidas, como a do "medo do avião", reconstituída no filme.

Daniel viu e reviu a entrevista diversas vezes e reproduziu no auditório da Associação Brasileira de Imprensa (ABI), no Rio de Janeiro, cada detalhe do cenário e da condução do *Pinga-Fogo*. Até réplicas perfeitas das legítimas câmeras RCA usadas na Tupi o diretor providenciou e fez funcionar, graças a uma mágica da tecnologia: a instalação de microcâmeras digitais nas lentes cenográficas.

O ator espírita Paulo Goulart, que conviveu com Chico, assumiu o papel de âncora do programa, e Nelson repetiu as falas mais fortes daquela roda-viva com a mesma entonação do médium – uma sequência reveladora que permeia todo o filme.

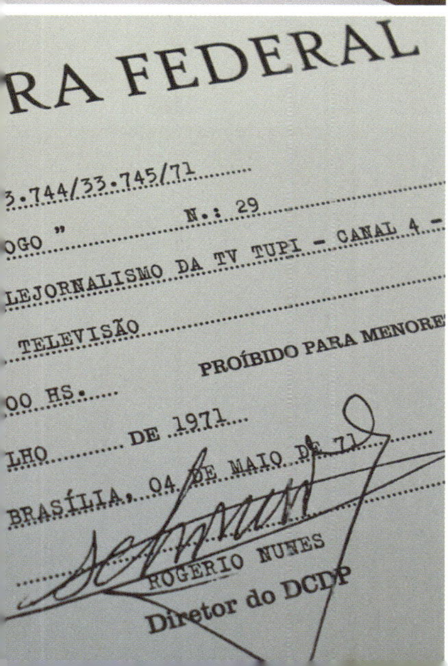

RA FEDERAL

3.744/33.745/71

OGO " N.: 29

LEJORNALISMO DA TV TUPI - CANAL 4 -

TELEVISÃO

PROÍBIDO PARA MENORE

00 HS.

LHO DE 1971

BRASÍLIA, 04 DE MAIO DE 71

ROGERIO NUNES

Diretor do DCDP

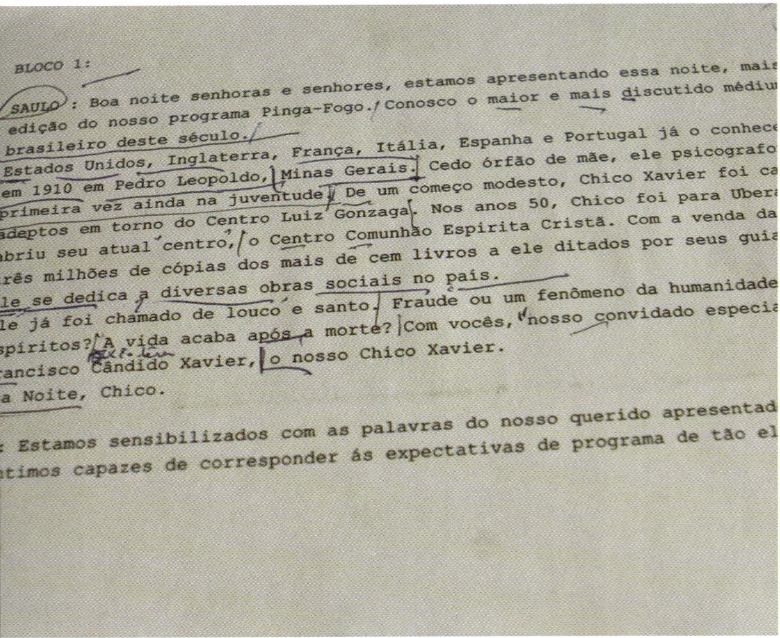

BLOCO 1:

SAULO: Boa noite senhoras e senhores, estamos apresentando essa noite, mais
edição do nosso programa Pinga-Fogo. Conosco o maior e mais discutido médiu
brasileiro deste século.
Estados Unidos, Inglaterra, França, Itália, Espanha e Portugal já o conhece
em 1910 em Pedro Leopoldo, Minas Gerais. Cedo órfão de mãe, ele psicografo
primeira vez ainda na juventude. De um começo modesto, Chico Xavier foi ca
adeptos em torno do Centro Luiz Gonzaga. Nos anos 50, Chico foi para Ubera
abriu seu atual centro, o Centro Comunhão Espírita Cristã. Com a venda da
três milhões de cópias dos mais de cem livros a ele ditados por seus guia
le se dedica a diversas obras sociais no país.
le já foi chamado de louco e santo. Fraude ou um fenômeno da humanidade
spíritos? A vida acaba após a morte? Com vocês, nosso convidado especia
rancisco Cândido Xavier, o nosso Chico Xavier.
a Noite, Chico.

: Estamos sensibilizados com as palavras do nosso querido apresentad
ntimos capazes de corresponder ás expectativas de programa de tão el

Nas alturas

Uma das histórias contadas durante o programa *Pinga--Fogo* e recontadas por Chico, inúmeras vezes, ao longo da vida exigiu uma relíquia da aviação para ser reconstituída no filme de Daniel. Um Electra II estacionado no hangar do Museu Aeroespacial, no Campo dos Afonsos, no Rio de Janeiro, serviu de cenário para a sequência.

Um voo turbulento de Uberaba a Belo Horizonte leva o médium mais conhecido do país – principal defensor da vida após a morte – ao pânico. Nos primeiros solavancos, ele se controla e reza em silêncio, enquanto alguns passageiros gritam por socorro ao redor.

Mas a paz não resiste a tantos altos e baixos no céu e logo Chico se une ao coro dos desesperados.

– Valei-me, meu Deus. Socorro, misericórdia. Socorro, pelo amor de Deus. Tende piedade de nós.

Um padre, a algumas poltronas de distância, reconhece Chico e anuncia em voz alta:

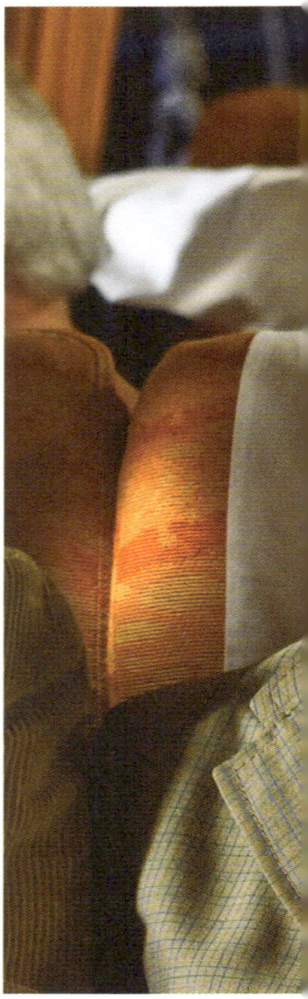

– O Chico Xavier está aqui. Ele é médium, espírita e está rezando conosco.

Péssima notícia. Se Chico, tão íntimo dos espíritos, está tão apavorado... melhor rezar mesmo – e muito.

O caos se instala de vez até a aterrissagem, com direito a uma aparição de Emmanuel, o guia espiritual de Chico, indignado com o descontrole de seu discípulo.

– Dê testemunho da tua fé, da tua confiança na imortalidade – ele pede em vão.

Para reconstituir esta história, que Chico adorava contar, mais de quarenta figurantes embarcaram no "voo". Entre os passageiros, ilustres representantes da equipe do filme, devidamente paramentados para a volta no tempo.

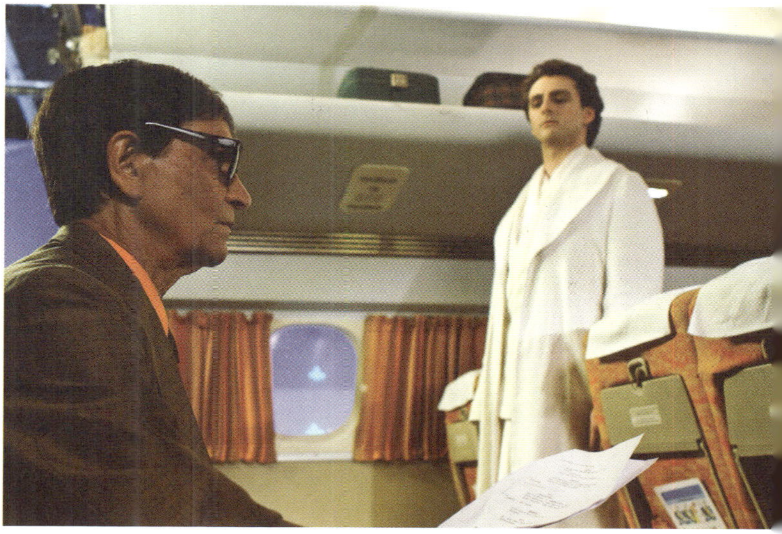

Tá rindo de quê?

Na foto ao lado, Paulo Barcellos, responsável pelos efeitos visuais, e o fotógrafo Ique Esteves fazem pose de executivos e Gil Baroni, diretor do *making of*, assume o papel de *hippie*. A assistente de figurino Rita Vianna se transforma na aeromoça do voo turbulento e a jornalista Patrícia Paladino, autora do *blog* do filme e pesquisadora de informações preciosas para este livro, faz um papel que conhece bem: uma passageira com fobia de avião.

Todos devem demonstrar pavor durante as turbulências, mas...

– Ô, Gil, você tá rindo, cara? – Daniel cobra durante as filmagens.

E Gil explica:

– Desculpa, Daniel. Tô tentando chorar.

VASP

Professor Pardal

Por trás das turbulências gravadas em terra firme, estavam as traquitanas deste mestre em criar soluções geniais para problemas que podem sair caro se ele não estiver por perto. Com 25 anos de experiência no cinema e na tevê, Vô Du ganhou um apelido novo no *set*: Professor Pardal.

Para desenvolver o sistema capaz de sacudir o avião no chão, Vô Du foi ajudado por uma turbulência durante um vôo entre Curitiba e São Paulo, dias antes da filmagem. Todos no avião se agarraram às poltronas, mas Vô Du se levantou e correu para o fim do corredor para sentir, ou melhor, visualizar o movimento real.

Feridas

Quando leu a biografia de Chico Xavier, Nelson foi às lágrimas já nas primeiras páginas, ao mergulhar na infância de Chico em Pedro Leopoldo. Até o fim da vida, o "menino mal-assombrado" do interior mineiro carregaria na barriga cicatrizes daqueles anos, marcas dos castigos impostos pela madrinha.

O Chico menino, cercado de fantasmas e desconfiança, renasceu no filme de Daniel Filho com o ator Matheus Costa.

Aos onze anos – católico, como se define –, Matheus foi selecionado por Daniel após uma bateria de testes com mais de trezentos atores mirins candidatos a Chico Xavier.

E foi aqui nesta bela igreja cenográfica em Jacarepaguá – as portas dos templos de Minas Gerais estavam lacradas para Chico Xavier, lembram? – que Matheus teve o primeiro contato com o mundo de seu personagem.

Em sua sequência de estreia, ele nem precisou abrir a boca. Bastou abrir bem os olhos, como Chico fazia, para enxergar vultos e outras aparições entre os altares e santos (fantasmas que, aliás, não estão no filme de Daniel...).

A cena de estreia de Matheus no filme foi bem mais tranquila que a da sequência ao lado, na qual Chico é forçado pela madrinha (interpretada por Giulia Gam) a lamber a ferida do sobrinho dela.

Nos bastidores, a maquiadora Rose Verçosa quebrou a cabeça para tornar a missão de Matheus menos desagradável.

A solução veio de uma frase dita pela empregada da maquiadora ao saber da aflição da patroa:

– Tem que ser doce pro menino gostar.

– Leite condensado! – decidiu Rose, que misturou o ingrediente com anilina amarela sabor laranja para produzir o "pus" comestível.

O Chico de verdade encarou a ferida nua e crua e, ao longo da vida, fez questão de definir a madrinha como sua "educadora". Até morrer, ele lamberia as feridas de muita gente que ia em busca de socorro.

"Eu estava apavorada com a Rita. Ela deu garfadas em Chico! Como não torná-la um monstro? Pensei nela como alguém que tinha um certo medo do afilhado e reagia com violência ao "sobrenatural."

Giulia Gam

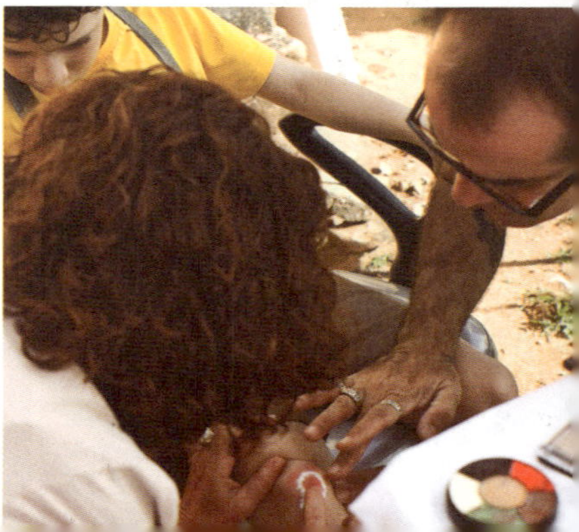

“Eu pensava: ‘Será que vou conseguir fazer direito? Eu sou a pessoa certa para fazer?’. Quando fiz a primeira cena percebi que, caramba, conseguia fazer! Aí fiquei feliz.”
Matheus Costa

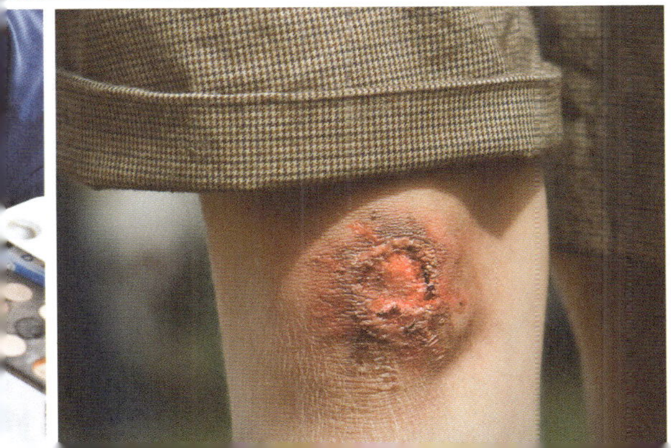

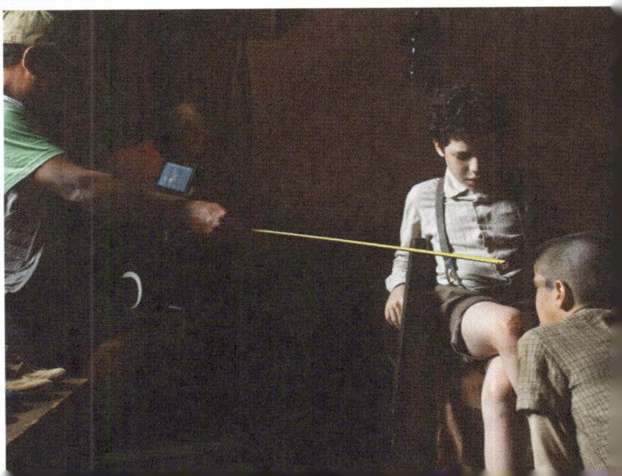

Harry Potter

Com onze anos, Matheus Costa faz muito benfeito seu dever de casa. Decora cada palavra do roteiro, afina o tom da fala com a professora de técnica vocal Babaya e a atriz Cynthia Falabella, acertando, quase sempre, de primeira.

Nos intervalos das filmagens, brinca como toda criança – inclusive com seu *game* portátil – e se diverte com a mãe, Leila, o tempo todo ao seu lado, com as crianças do elenco e com Daniel.

Sua missão é difícil: dar vida a um menino atormentado e consolado pela visão de espíritos.

Na fazenda Santa Maria, em Tanquinho, a trinta quilômetros de Paulínia, interior de São Paulo – onde parte da Pedro Leopoldo da infância de Chico é reconstituída –, Matheus se prepara para o primeiro encontro com o espírito da mãe morta (Letícia Sabatella).

Nada de fantasmas ou efeitos especiais. Serão mãe e filho reais, juntos e, ao mesmo tempo, separados em dois mundos.

Matheus precisa encontrar este "lugar", e Daniel puxa o menino para o canto da varanda.

– Essa cena é muito mágica. Aqui você está olhando para o céu, para as nuvens. Na minha cabeça, este é o momento em que você conversa com o céu, com as vibrações que estão à sua volta.

Cartada final:

– É quase como *Harry Potter*. Aquele mundo de magia.

Matheus abre um sorriso e acerta de primeira mais uma vez.

Coincidências...

Com voz e gestos suaves, Giovanna Antonelli dá vida a Cidália, madrasta de Chico, definida por ele, durante toda a vida, como sua "segunda mãe".

Cidália deu colo e ouvidos às angústias do menino assombrado por fantasmas e se tornou um porto seguro para Chico depois da temporada de castigos e humilhações na casa da madrinha.

Ao se juntar aos irmãos na casa da "segunda mãe", Chico conheceu Lúcia, sua irmã recém-nascida.

Nas filmagens, uma menina de colo entrou em cena para reconstituir esse momento na vida da família. O nome dela: Sidália (com "s").

Muito tranquila longe das câmeras, Sidália se assustava quando o silêncio invadia o *set* e os refletores eram ligados.

Não teve jeito. A solução foi convocar sua *stand-by*, o bebê reserva para emergências.

O nome da menina: Giovanna.

Emoção preservada

A mãe é uma figura-chave na história de Chico Xavier. Nos encontros com os amigos e colaboradores, o médium sempre lembrava a presença de Maria João de Deus (sua mãe) e de Cidália (a segunda mãe).

Um dos momentos mais fortes do filme reconstitui a última conversa entre Chico e Cidália – uma despedida que Giovanna Antonelli construiu com cuidado.

– Eu nem queria ensaiar a cena para não gastar a emoção. Então li, guardei e fiquei processando aquele momento até o dia de filmar.

Deu certo.

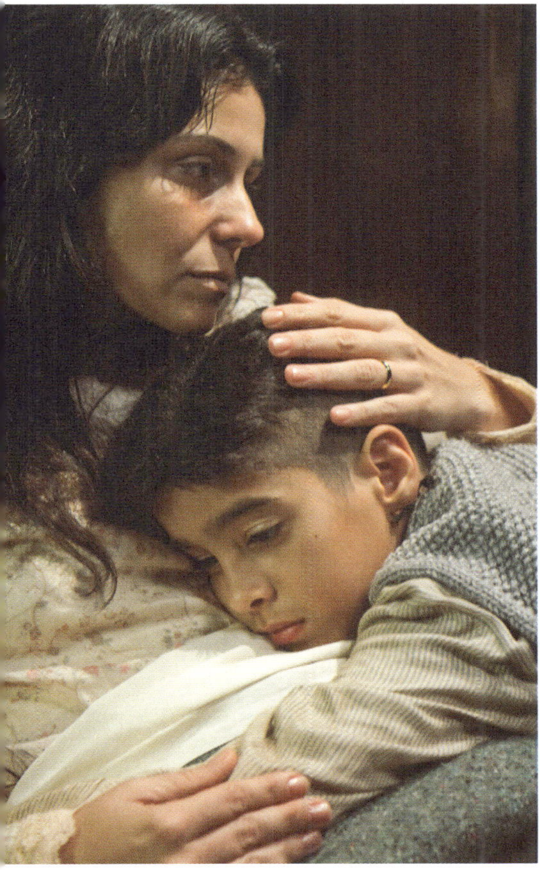

Coração atravessado

Chico sempre dedicou uma atenção especial às mães que o procuravam no centro e em casa. De vez em quando, ao ouvir o pedido de socorro de uma delas, atormentada pela perda de um filho, ele colocava a mão no peito e desabafava com os companheiros:

– Tanta dor me atravessa o coração.

A visita do pai

Só duas semanas depois do início das filmagens, o pai de Matheus, Alex, encontrou tempo para visitá-lo no *set*. Era ele quem cuidava dos outros dois filhos, no Rio de Janeiro, enquanto Matheus dava vida ao Chico criança.

Alex chegou de surpresa, sem avisar, e foi recebido pelo filho com gritos de alegria e abraços apertados.

Com a palavra agora, Matheus, ao apresentar o pai à equipe:

– Este é o Ancelmo. É ele que pinta o meu corpo todo pra eu ficar da cor do Chico. Essa é a Giulia (Gam), que faz minha tia má e me espeta com o garfo. Esse é o meu pai de mentira (Luís Mello) conhecendo meu pai de verdade. Esta é a Rose. Foi ela quem cortou meu cabelo desse jeito...

Matheus não gostou nada do penteado *à la* Cascão, mas ficou feliz ao ver o pai com o mesmo corte em sua homenagem...

O outro Chico

Começa mais uma gincana da produção em Paulínia. O produtor Belamir Freire precisa encontrar um menino que saiba rodar pião com habilidade e descobrir um cachorro vira-lata capaz de "interpretar" Lorde, um dos cães de estimação de Chico.

Primeiro, o menino do pião. E lá vai ele, Belamir, em direção a uma comunidade pobre da cidade.

Enquanto busca informações sobre o paradeiro da criança, o produtor é seguido por um cachorro que não para de abanar o rabo e se enroscar nas suas pernas.

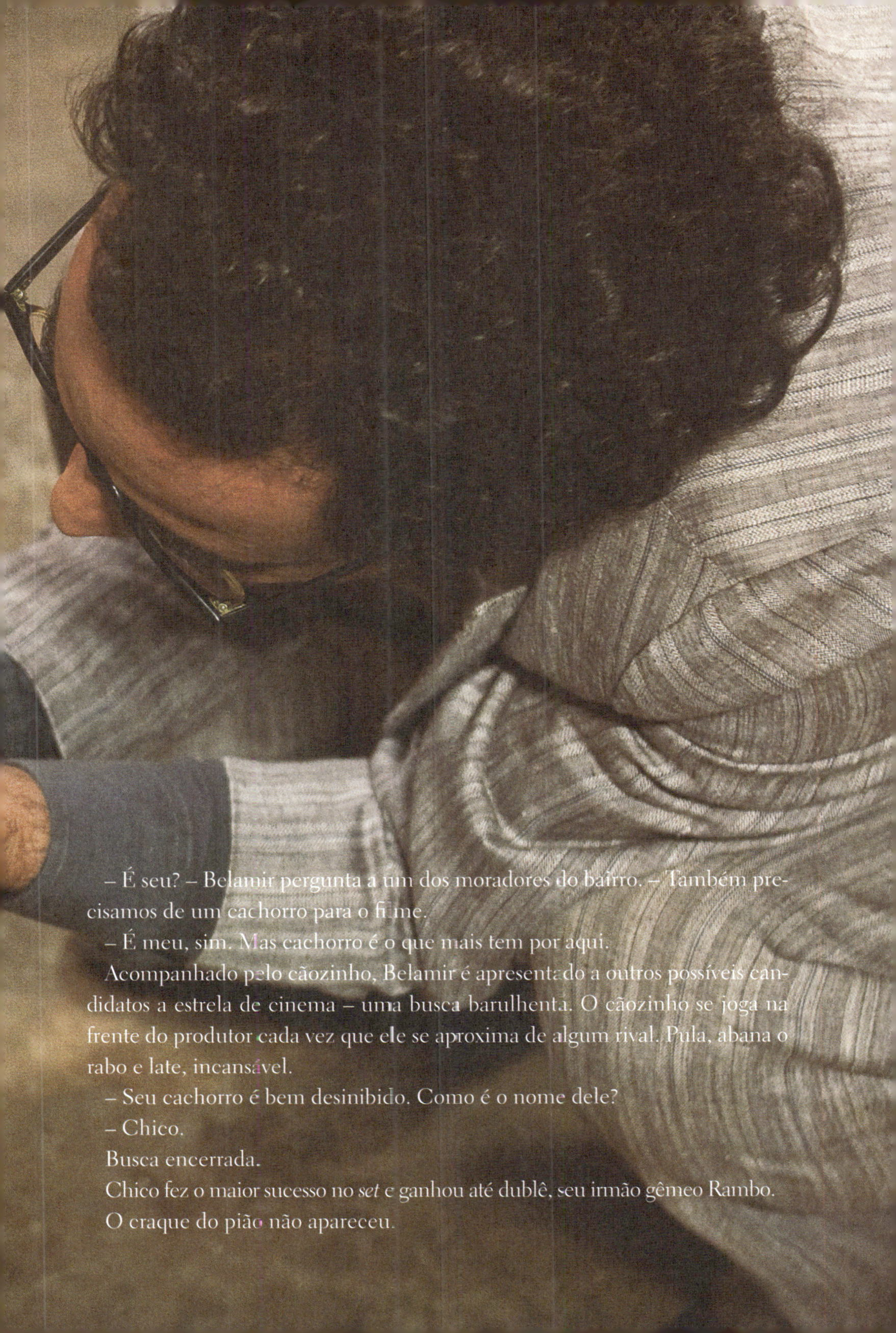

– É seu? – Belamir pergunta a um dos moradores do bairro. – Também precisamos de um cachorro para o filme.

– É meu, sim. Mas cachorro é o que mais tem por aqui.

Acompanhado pelo cãozinho, Belamir é apresentado a outros possíveis candidatos a estrela de cinema – uma busca barulhenta. O cãozinho se joga na frente do produtor cada vez que ele se aproxima de algum rival. Pula, abana o rabo e late, incansável.

– Seu cachorro é bem desinibido. Como é o nome dele?

– Chico.

Busca encerrada.

Chico fez o maior sucesso no *set* e ganhou até dublê, seu irmão gêmeo Rambo.

O craque do pião não apareceu.

Querem mágica?

Tensão no *set*. Previsão do tempo: chuva forte no interior de São Paulo. E pior: de acordo com o cronograma de filmagem, este será um dia cheio – só com cenas externas – na fazenda em que é reconstituída parte da infância de Chico.

A cada cinco minutos, o produtor Luiz Henrique Fonseca olha para o céu carregado de nuvens negras. Uma chuva fina cai sobre a plataforma ferroviária, e a ameaça de temporal paira sobre a equipe.

Logo depois do almoço, Daniel recebe a visita de uma equipe de tevê e três repórteres de jornais locais.

Nas entrevistas, repetem-se as perguntas sobre a fé (ou a falta de fé) de Da-

niel e sobre possíveis fenômenos inexplicáveis durante as filmagens.

Daniel reafirma sua condição de ateu, mas os jornalistas querem mais...

– É incrível que não esteja chovendo aqui. Está um temporal em Paulínia – diz uma das jornalistas.

– Viemos de São Paulo. Lá está um dilúvio. Em Campinas choveu granizo. Na estrada não conseguíamos ver nada. Parece que só não está chovendo aqui... – confirma outra repórter

Todos se entreolham como se a ausência de chuva fosse um milagre de Chico Xavier. E Daniel quebra o clima mágico:

– Não chover hoje é quase um milagre sim, mas acho que Chico Xavier não tem nada a ver com isso.

Logo depois do último "*corta!*" do dia, o temporal desabou sobre a fazenda.

Apenas o necessário

As filmagens continuam na fazenda de Paulínia, com o mugido de bois ao longe, terras a perder de vista, casas simples por todo lado, uma pequena estação de trem mais adiante e, ao longe, um galpão, que, em breve, servirá como fachada da fábrica de tecidos em que Chico trabalhou ainda criança.

E lá vem ele, o passado, no horizonte. Uma locomotiva a vapor, de 1925, restaurada para passeios turísticos pela região, cruza as montanhas ao som de apitos e envolta em fumaça.

Matheus interrompe as brincadeiras do intervalo de filmagem e corre, pés descalços, até o alto do morro para ver o trem passar.

Ele e toda a equipe se esquecem, por alguns instantes, dos compromissos e urgências do dia. Cronograma? Orçamento? Não. Só um trem dos bons e velhos tempos, com um belo pôr do sol ao fundo.

A simplicidade do cenário faz lembrar uma das frases ditas por Chico já perto do fim. Em paz, tranquilo, depois de tantos ataques e perseguições, ele reconhecia:

– Graças a Deus aprendi a viver apenas com o necessário.

O trem de Spielberg

O cineasta Steven Spielberg ficou de olho em uma outra locomotiva de Paulínia. Restaurado pelo Museu Ferroviário de Campinas, este exemplar do modelo 338 é o único em perfeito estado de conservação no mundo. Sorte dos turistas que embarcam em seus vagões no circuito Campinas-Jaguariúna.

Há quase 15 anos, o diretor de *E.T.* precisava de uma maria-fumaça como esta para o filme *Amistad* e enviou um dos representantes de seu estúdio ao museu com a missão de alugar o trem e levá-lo de navio até a África do Sul.

A Associação Brasileira de Preservação Ferroviária entrou no circuito e vetou a saída da locomotiva do Brasil.

– Orson Welles dizia que o cinema é o maior trenzinho elétrico inventado para o homem brincar. Quem vai brincar com esse trem sou eu e não o Spielberg! – Daniel se divertia no *set*.

Este trem levaria o Chico Xavier de Ângelo Antônio, de Pedro Leopoldo a Uberaba, em uma reprodução da viagem que marcou o início de uma nova fase da vida de Chico e do espiritismo no país. Longe da família, Chico passaria a se dedicar integralmente às multidões em busca de apoio e socorro.

ABPF
CA-44

Aqui jaz

Outro lado da Pedro Leopoldo de Chico Xavier foi remontada, no filme de Daniel, na cidade de Tiradentes, Minas Gerais. As ruas de paralelepípedos e as casas coloniais da cidade histórica deram o colorido necessário à volta ao início do século 20.

E aqui está o cemitério daqueles tempos, obra e graça do departamento de arte liderado por Cláudio Amaral Peixoto. Doze tumbas transportadas de caminhão do Rio de Janeiro e instaladas de um dia para o outro nos fundos de um dos principais cartões-postais da cidade: a igreja de São Francisco de Assis.

CIDALIA

Um casal de turistas de São Paulo esteve na igreja na véspera da montagem do cemitério e voltou no dia seguinte para tirar novas fotos. Quando a mulher, câmera em punho, deparou com lápides no lugar do gramado, puxou o marido pelas mãos e sumiu.

– Pelo amor de Deus, isso não estava aqui.

Nem deu tempo de explicar que era tudo cinema.

Poucos no *set* sabiam, mas Daniel guardava más lembranças das últimas filmagens feitas entre caixões. Foi no Rio de Janeiro, no cemitério São João Batista, para o filme *A partilha*. A equipe adentrou o cemitério sem nenhuma cerimônia e quebrou o silêncio sepulcral com o alarido de sempre e o barulho da montagem dos equipamentos.

Antes mesmo do primeiro *take*, um gerador de luz queimou e foi substituído por um gerador reserva. Instantes depois, o segundo gerador explodiu e um terceiro teve de ser providenciado às pressas. Agora vai. E nada de novo. Terceira explosão, filmagens interrompidas e a conclusão do diretor:

– Entramos sem pedir licença.

No cemitério de mentira, os geradores permaneceram intactos.

As contas, por favor!

Antes de serem instaladas no fundo da igreja, as tumbas cenográficas passaram uma noite no galpão alugado para abrigar as peças do departamento de arte.

Um segurança foi contratado para vigiar o local, vizinho a um cemitério de verdade em Tiradentes.

No meio da noite, o segurança precisou ir ao banheiro. Saiu do galpão e, diante dos túmulos reais, foi surpreendido pela incômoda sensação, ou melhor, pela certeza de não estar só.

Um espírito – ele jura – pairava luminoso entre as tumbas.

No dia seguinte, após cumprir, heroicamente, o seu turno, pediu as contas.

LARA
MINHA
AMIGA

Baldes d'água

Ao chegar a Tiradentes, Letícia Sabatella ficou incomodada com outra visão no cemitério cenográfico: a ferida na barriga de um cachorro de rua que perambulava pela cidade. Caracterizada como a mãe de Chico, a atriz se ajoelhou diante do animal e recorreu à produção.

– Meu cachorro tinha uma ferida como esta. Será que um veterinário da cidade poderia dar uma olhada nele?

Logo após gravar as belas cenas com o menino Matheus, Letícia ouviu o diagnóstico do veterinário, pagou o tratamento e pediu para ser informada depois, por telefone, sobre a saúde do animal.

Esse gesto, feito com a máxima discrição, lembra outra história de Chico Xavier.

Enquanto liderava campanhas de doação de alimentos, brinquedos e cobertores na periferia de Uberaba, Chico era criticado, por adversários, pelo assistencialismo e acusado de usar a caridade para divulgar o espiritismo.

Chico reagia aos ataques com uma frase:

– Se uma casa está pegando fogo, a gente cruza os braços e espera a chegada dos bombeiros ou ajuda com alguns baldes d'água?

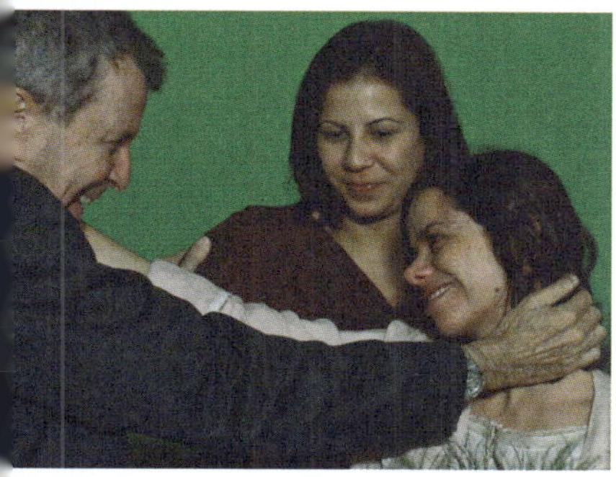

Perfume de rosas

Este é mais um ritual que Daniel Filho cumpre a cada filme. Ele se despede dos atores e atrizes com buquês de flores e agradecimentos carinhosos logo após a filmagem da última cena de cada um.

– É o meu lado Roberto Carlos – brinca.

É o seu lado Chico Xavier também.

Quem visita o Grupo Espírita da Prece, em Uberaba, encontra, no jardim em frente ao centro, as roseiras que Chico regava toda manhã. Ele tinha mania de flores e, segundo os companheiros mais fiéis, exalava, de repente e misteriosamente, em determinadas ocasiões, o perfume de rosas.

Em um dia de filmagem, quando os três intérpretes de Chico se encontraram para atuar juntos pela primeira vez (o Chico menino, Matheus Costa; o jovem Chico, Ângelo Antônio, e o Chico maduro, Nelson Xavier), o perfume de rosas se espalhou pelo *set* e uma forte emoção tomou conta de vários integrantes da equipe.

– É o Chico. Ele está aqui – disseram alguns.

Daniel preferiu ficar calado. Atrás de um dos cenários, estavam os buquês para as despedidas do dia.

Mas há controvérsias. Ainda hoje parte da equipe garante: os arranjos do dia eram de flores do campo e o perfume no *set* era de rosas.

"Quando encerrei a participação no filme, tive
a sensação de ter melhorado um pouco,
de ter me transformado."
Ângelo Antônio

Tai chi na ladeira

Antes de entrar em cena, Ângelo entra em outro mundo. Fica recolhido, silencioso, concentrado. Bem cedo, já caracterizado como Chico Xavier, o ator se dedica a um ritual solitário: o *tai chi chuan*.

Em Tiradentes, cercado por turistas em plenas férias de julho, não é diferente.

Ângelo sobe a ladeira rumo à igreja da Matriz, acompanhado pelo murmurinho dos curiosos.

– Olha o *2 filhos de Francisco*.

– É o Alcides (*personagem dele em Pantanal, novela reprisada no SBT*).

– O Beija-Flor (*papel de estreia do ator na TV Globo em* O dono do mundo).

– Ângelo Antônio.

Pois, vestido de Chico, Ângelo alcança, a passos lentos, o topo da ladeira, para, volta-se para a descida e inicia os movimentos lentos e ritmados do *tai chi*, alheio a todos os olhares.

No bolso, o lenço, e no pulso, o perfume de Chico.

F. Xavier

Sumiço misterioso

Ângelo vivia em paz com seus talismãs até o dia em que o lenço de Chico Xavier desapareceu do bolso de seu paletó logo depois de uma cena.

A equipe de figurino, cabelo e maquiagem se mobilizou para tentar localizar o objeto perdido. Todos os bolsos, de todos os ternos, foram vasculhados, e nada.

Ângelo ficou abatido.

No outro dia, ao vestir o paletó da filmagem anterior, o ator colocou a mão no bolso, como sempre fazia, e sentiu a textura do algodão bordado com o monograma "F. Xavier".

O voo do anjo

Este é um dos marcos na história de Chico. O primeiro encontro dele, aos 21 anos, com seu "guia espiritual", Emmanuel, às margens de uma cachoeira em Pedro Leopoldo. Neste instante, as visões e assombrações da infância passam a fazer sentido para ele.

A cachoeira original da cidade foi substituída por uma versão mais cinematográfica, descoberta pela produtora (e caçadora de locações) Flávia Santos, em Tiradentes.

Com mais de quinze metros de altura e sete quedas-d'água, a cachoeira da Fumaça deu trabalho à equipe. Trilhos e plataformas foram instalados nas margens para sustentar uma grua com a mesma altura.

Uma câmera no topo da grua, operada a distância por controle remoto, foi acionada para gravar, do alto, como se flutuasse sobre o espelho d'água, o diálogo inicial de Chico com seu guia. "É o movimento do anjo", definiu Daniel.

Um "anjo" que atingiu a testa de Ângelo no primeiro teste de voo... Nada grave.

No momento da filmagem "para valer", o sol se escondeu atrás das nuvens. Daniel não resistiu e passou a cantarolar um mantra incompreensível ao microfone.

– É o canto da chuva ao contrário – explicou, de brincadeira.

E lá veio o sol.

– Quinze minutos – previram os "meteorologistas" da equipe.

O suficiente para captar a expressão do jovem Chico durante a aparição do seu guia.

SCORPIO CRANE

"Foi um tempo espetacular, detalhista e voraz. Cada ajuste nas cenas, na luz, no som ou no teto era uma conquista comemorada."
Nonato Estrela, diretor de fotografia

Emmanuel, a polêmica

Nenhum personagem causou tanta polêmica nos bastidores de *Chico Xavier* como o Emmanuel interpretado por André Dias.

Daniel descartou, desde o início, a ideia de apresentar o guia espiritual de Chico como uma figura transparente e flutuante, um fantasma. Emmanuel precisava aparecer de verdade, mas não como um habitante deste mundo.

Para resolver este impasse, o diretor recorreu ao retrato clássico de Emmanuel, uma pintura mediúnica assinada pelo artista mineiro Delpino Filho, exposta durante anos no Centro Espírita Luiz Gonzaga, fundado por Chico Xavier em Pedro Leopoldo.

"O filme tem alguns truques com a voz do Emmanuel, malícias quase imperceptíveis que o público pode tentar descobrir..."
Daniel Filho

Nessa tela, Emmanuel aparece de toga, com a imponência de uma de suas encarnações passadas: um senador romano contemporâneo de Jesus. Outra teria sido como o padre Manuel da Nóbrega, parceiro de José de Anchieta na implantação do cristianismo no Brasil.

Para os que não acreditam em vida após a morte, Emmanuel seria um *alter ego* de Chico, um desdobramento dele mesmo, a quem o médium recorreria ao longo da vida em busca de apoio e orientação.

Logo depois da primeira montagem do filme, Daniel Filho promoveu uma série de sessões privadas de *Chico Xavier* na Lereby, sua produtora. Espíritas e não espíritas, profissionais da tevê e do cinema foram convidados a fazer críticas e a dar sugestões ao cineasta e à montadora Diana Vasconcellos.

Emmanuel entrava sempre na roda.

– Não gostei do figurino.

– A postura dele é estranha.

– Será que não vale usar algum efeito?

– E se ele desaparecesse? Entraria só a voz e, na última cena, ele surgiria.

A decisão de Daniel pode ser vista nas telas.

"Criar uma imagem para um espírito foi o maior desafio. Espero ter conseguido transmitir para a comunidade espírita essa ideia do Emmanuel."
Bia Salgado, figurinista

"Chico resgata valores que o mundo contemporâneo perdeu. É impossível passar por esta experiência sem sair transformado."

André Dias

O produtor-executivo Julio Uchôa entra em cena como o "homem da Bíblia":
"Tome o evangelho, tome o evangelho".

Tome o evangelho

Os bastidores desta sequência não são tão divertidos quanto a cena. O clima pesava em Tiradentes durante as filmagens. Na véspera, um Daniel irritado por uma série de falhas e atrasos vociferou contra a diretora-assistente Cris D'Amato e sua equipe. Os impropérios geraram um mal-estar tão grande, que Cris se afastou do *set* e anunciou a saída do filme, sua sexta parceria com o diretor desde o primeiro *Se eu fosse você*.

A tensão durou 24 horas e dividiu a equipe ao meio. No "Centro de Chico em Pedro Leopoldo", cenário reconstituído em Tiradentes, Daniel tomou uma decisão que, normalmente, não tomaria.

Reuniu a equipe no *set* e começou um breve discurso:

– Ontem eu exagerei. Fui profundamente desagradável com a Cris e com toda a equipe de direção. Quero pedir, em público, desculpas a vocês.

Tolerância, paciência, compreensão... Um pouco do Chico baixou no diretor, após meses de convivência com o personagem.

– Chico pairou neste momento – traduz Daniel. – Eu estava sempre pensando: o que Chico faria? Como? O que diria nesta cena? Nesse momento, me veio à cabeça que eu deveria pedir perdão. Pedi e me senti muito melhor, aliviado. Durante o filme, tive esta sensação: posso agir melhor na vida, causando menos danos a mim e aos outros.

No centro do Chico, ele e Cris se abraçaram aos prantos, e uma das sequências mais divertidas do filme teve um final feliz.

Com a bíblia na mão, o produtor-executivo Julio Uchôa "aplicou o evangelho" com força na cabeça de Ângelo Antônio. Foi fácil.

O pior Julio já tinha enfrentado: o ensaio geral... na cabeça de Daniel Filho.

"A cada filme Daniel e eu ficamos mais parceiros. Como em toda relação, temos brigas, desavenças, mas temos, acima de tudo, amor."

Cris D'Amato

Participações amorosas

O produtor-executivo Julio Uchôa e os bravos passageiros do voo turbulento que apavorou Chico não foram os únicos integrantes da equipe a sair do bastidores para se expor diante das câmeras. *Chico Xavier* teve outras "participações amorosas", como Daniel define essas colaborações de companheiros de *set*.

Participações amorosas

O pianista do bordel

Quem inaugurou as "participações amorosas" foi o chefe do transporte, Marco Antônio de Oliveira Martins, o Manta.

Ele encarnou o pianista do bordel para onde o Chico jovem é levado pelo pai. Sentado ao piano, com gravatinha borboleta e sorriso de estrela de cinema, Manta faz pose de pianista de *jazz* dos anos 1920.

– Hoje quem quiser carro vai ter que esperar eu acabar de filmar – brinca.

Figurante no comando!

Nem a primeira assistente de direção ficou de fora. Tatiana Fragoso, coordenadora de cenas responsável por colocar ordem no *set*, afastou-se, finalmente, dos fones e do rádio para ocupar um lugar ao lado de Cristiane Torloni na plateia do *Pinga-Fogo*. Com aplique no cabelo, toda maquiada e compenetrada, ela fez seu papel e voltou logo para os bastidores.

O choro de Ludmila

A estagiária de direção Natália Souto também esteve em cena, no Grupo Espírita da Prece. E teve até que chorar.

– Vou pensar no meu tio, que já partiu – disse ela. E deu certo. Concentrada, Natália interpretou Ludmila, que recebe uma mensagem mediúnica da irmã.

Participações

A canja de Olivia Byington

Outra participação especial foi a da cantora Olivia Byington. Namorada de Daniel, ela é gerente de mídias *on-line* de *Chico Xavier* e estava sempre no ***set*** quando sua agenda de *shows* permitia.

Em uma das visitas ao Polo Cinematográfico de Paulínia, Olivia não escapou. Daniel a convocou para uma "participação amorosa": o papel de uma das visitantes do centro espírita de Chico, a "mulher chique mineira".

– Eu estava louca para brincar de anos 1930. Adoro essa época – diz Olivia, enquanto faz cabelo e maquiagem para a volta no tempo.

Após a cena, ela retornou ao *set* com alguns reais nas mãos e brincou:

– Viu? Quem trabalha ganha! – disse, exibindo o cachê de figurante.

amorosas

PARTICIPAÇÕES AMOROSAS

A passageira Vera Mello

Outra que ficou muito chique em seu vestido anos 1950 foi a assistente de produção-executiva Vera Mello. Diante da locomotiva antiga, ela posa com outros "passageiros" da viagem de Chico Xavier rumo a Uberaba. Nos intervalos das filmagens, todos fizeram questão de tirar foto com ela – inclusive os companheiros de figuração. "Deve ser famosa", comentavam os figurantes que a viam cercada pelas câmeras dos amigos.

Chamem as advogadas

Nem as advogadas escaparam da intimação, ou melhor, do convite de Daniel. Carla Britto, do departamento jurídico da Globo Filmes, e Marceli Moreira, da Downtown e da Lereby, foram ao *set* para resolver uma questão contratual e, em poucos minutos, já estavam devidamente vestidas, maquiadas e penteadas para seus novos papéis: visitantes do centro de Chico em Uberaba, reconstituído nos estúdios da Herbert Richers. Paramentadas e compenetradas, elas acompanharam, em silêncio, a sessão de psicografia conduzida por Nelson.

Flores para Alex Brollo

Com seu cabelo *black power*, o assistente de figurino Alex Brollo, um dos mais divertidos da equipe, foi escalado para uma participação especial como sonoplasta da TV Tupi durante a transmissão do *Pinga-Fogo*.

Ele deveria ficar quietinho, ao lado de Tony Ramos e Cadu Fávero, mas decidiu improvisar. Quando a câmera começou a rodar, Alex levantou o braço em um gesto dramático, como se pedisse um "sobe som" (aumento de volume do áudio).

Daniel deu uma gargalhada e foi em frente até o último corte.

– Excelente, Alex! Muito bom mesmo! Pode se gabar e dizer: "Não só fiquei em cena todo o tempo como tive cenário!".

Alex não se fez de rogado:

– Bem, equipe, quero minhas flores no final, já que hoje me despeço do filme...

Ancelmo, meu filho

Ancelmo Saffi, assistente da maquiadora Rose Verçosa, fez o papel de um católico atraído para o espiritismo por Chico Xavier. Um personagem sem fala, mas com nome: Tenório.

Em sua cena, o padre Júlio Maria, interpretado por Cássio Gabus Mendes, tenta convencê-lo a não entrar no centro de Chico Xavier em Pedro Leopoldo.

A fala de Cássio no roteiro era "Tenório, meu filho, não entra aí!", mas o ator não resistiu ao ver o maquiador já caracterizado:

– Ancelmo, meu filho, não entra aí! – passou a repetir, já no ensaio.

Daniel Filho assinou embaixo:

– Beleza! O personagem acabou de mudar de nome. Agora é Ancelmo, meu filho!

desayunemos casi siempre juntos.
compañeros de clase no me
eso es normal porque cuando encue

Participações

O filho

Bruno Garotti tem apenas 24 anos, mas traz na bagagem sete longas como assistente de direção. *Chico Xavier* é o terceiro filme de Bruno com Daniel. Uma de suas funções foi coordenar a multidão de figurantes que passaram pelos *sets* ao longo dos dois meses de filmagens.

Bruno não atuou diante das câmeras, no entanto, sua imagem, ainda menino, aparece em muitas cenas marcantes. É o rosto dele que está nos portarretratos do filho do casal interpretado por Tony Ramos e Cristiane Torloni.

Bruno é o "filho morto".

amorosas

Tomada entre dois mundos

O primeiro livro publicado pelo "matuto de Pedro Leopoldo" está na estante ao lado: *Parnaso de Além-Túmulo*. Uma coletânea de 59 poemas assinados por catorze mortos ilustres e reconstituída, página a página, pelo departamento de arte de *Chico Xavier*.

O livro foi lançado em 1932 – quando Chico tinha apenas 22 anos – e logo se tornou um escândalo. Augusto dos Anjos, Olavo Bilac e outros mestres da poesia ressurgiam pelas mãos de um desconhecido pobre e simplório, do interior de Minas, que garantia:

– O livro não é meu. É dos espíritos.

Entre os textos escritos pelo filho de pais analfabetos, que conseguiu concluir o quarto ano primário, estavam estrofes como esta atribuída a Augusto:

Por que misterioso incompreensível
Vomito ainda em náuseas para o mundo
Todo o fel, toda a bílis do iracundo
Se já não tenho a bílis putrescível?

Pastiche? Fraude? Conexão real com o mundo dos espíritos? O livro circulava, e os repórteres começavam a chegar em Pedro Leopoldo para desvendar a farsa ou comprovar o fenômeno.

Ao longo dos 92 anos de vida, enquanto publicava os "livros dos espíritos" em ritmo frenético – mais de 400 títulos ao todo – , Chico se empenhou também em criar definições para traduzir seu papel de "carteiro espiritual" e se proteger da idolatria alheia e dos riscos da vaidade.

Porta-voz de Deus?

– Uma besta encarregada de transportar documentos dos espíritos – Chico reagia.

Um iluminado?

– Não. Uma tomada entre dois mundos.

Chico Xavier, o apóstolo?

– Nada disso. Cisco Xavier.

FRANCISCO CÂNDIDO XAVIER
J. HERCULANO PIRES
FRANCISCO CÂNDIDO XAVIER
EMMANUEL
Inspiração
MAIS LUZ
PÁSSAROS HUMANOS
Doutrina Espírita
A Vida Escreve
HÁ 2000 ANOS...
BEZERRA, CHICO E VOCÊ
LEALDADE
FRANCISCO CÂNDIDO XAVIER
encontro marcado
SINAL VERDE
50 ANOS DEPOIS
Parnaso de Além-Túmulo
DEUS AGUARDA
OS MENSAGEIROS
CHICO XAVIER EM GOIÂNIA
IDEIAS E ILUSTRAÇÕES
CIDADE NO ALÉM
Espiritualidade
antologia da espiritualidade
ALMA E CORAÇÃO
AUGUSTO VIVE
GEEM

Telespark

Todos os tons

A equipe do departamento de arte comandada por Cláudio Amaral Peixoto precisou se desdobrar para criar, montar e desmontar 84 cenários diferentes e recriar ou garimpar milhares de objetos de época em cinco frentes de filmagens: Rio de Janeiro, Tiradentes, Paulínia, Rio de Janeiro (de novo) e Uberaba.

Uma maratona para reconstituir três diferentes fases na vida de Chico Xavier: a infância pobre e "mal-assombrada" em Pedro Leopoldo nos anos 1910; a maturidade menos conturbada em Uberaba a partir dos anos 1960; e o inquérito ao vivo do *Pinga-Fogo* na São Paulo dos anos 1970.

No mural onde Cláudio e sua equipe esboçaram os primeiros estudos de *Chico Xavier*, cada época ganhou um tom preponderante: a infância barroca recebeu tons dourados e avermelhados, que foram se tornando mais claros e suaves com o tempo até chegar a uma tonalidade azulada na maturidade tranquila de Chico em Uberaba. Um azul que deu lugar ao cinza no "tribunal" da Tupi.

"Incrível como o Chico é querido por espíritas e não-espíritas. Onde chegamos e falamos de Chico, as portas se abriram. Teve gente que fez questão de emprestar móveis ou objetos pessoais antigos só por ele."
Cláudio Amaral Peixoto

ROLLEIFLEX

O transe

Ângelo Antônio está imóvel, de olhos fechados, na cadeira de balanço. O silêncio pesa no estúdio onde foi montada, em Paulínia, a casa de João Cândido, pai de Chico. A atriz Larissa Vereza – filha de Carlos Vereza – chega cedo e se recolhe no camarim.

Maquiada e tensa, ela ressurge no *set* e passa a andar de um lado para o outro, com um roupão sobre a roupa de cena. Os refletores são posicionados e a atriz se isola em um canto do cenário a meia-luz. Balança o corpo para frente e para trás, contrai o rosto, aperta as mãos uma contra a outra.

Falta pouco.

Na pele de Lúcia, irmã de Chico Xavier, Larissa passará por um exorcismo, ou melhor, uma "desobsessão".

Aos poucos, o resto da família entra no cenário.

Luís Mello (João Cândido, pai de Chico) senta-se à mesa de jantar, com expressão séria, rosto entre as mãos. Carla Daniel (Carmosina, outra irmã de Chico Xavier) e Ana Rosa (Carmem Perácio) ocupam as outras cadeiras, lado a lado, em silêncio.

É assim que Daniel Filho, também silencioso, encontra seus atores. Ele vai de um em um, distribui afagos e aprova a orientação da diretora-assistente Cris D'Amato:

– Hoje só fica no *set* quem é absolutamente necessário.

Após a marcação da cena, começa o primeiro ensaio. Os que continuam no estúdio estão de olhos vidrados na interpretação de Larissa, espírita como o pai. Um transe que faz muita gente se arrepiar.

Você foi só pra Cruzeiro

E aqui estão David Nasser (Charles Fricks) e Jean Manzon (Jean Pierre Noher), repórter e fotógrafo da revista O *Cruzeiro*, a mais lida do Brasil no momento em que Chico saía do anonimato para se tornar uma celebridade controvertida no país.

O "matuto de Pedro Leopoldo" entrou na pauta da dupla em meio a um escândalo: um processo movido pela família do jornalista Humberto de Campos – morto e psicografado por Chico –, que exigia na justiça o pagamento de direitos autorais pela venda dos livros póstumos.

Ingênuo, Chico abriu as portas de sua casa para as lentes da Rolleiflex de Jean Manzon e aceitou fazer as poses mais extravagantes. Até na banheira ele entrou.

Dias depois, a reportagem ajudou a esgotar a edição da revista, com o título "Chico, detetive do além" (aquele número foi reproduzido página a página, foto a foto, no filme, com Ângelo Antônio no lugar de Chico).

Uma das legendas já dizia tudo:

Sensacional flagrante de Chico na banheira. Ele procurava as almas, quando Jean Manzon o surpreendeu, obtendo um impressionante documento para o próximo julgamento. Os adversários do espiritismo afirmam que é uma prova de farsa. Os espíritas, que é outra prova: o espírito desce seja onde for.

Faltavam onze dias para a sentença do juiz e Chico entrou em pânico.

Aos prantos, humilhado diante da edição, desabafou com seu guia Emmanuel e recebeu de volta um trocadilho:

– Tá chorando por quê? Jesus foi pra cruz. Você foi só pra *Cruzeiro*...

ROLLEIFLEX

Antes de apontar sua Rolleiflex 1940 para o Chico Xavier de Ângelo Antônio, o ator franco-argentino Jean Pierre recebeu instruções do fotógrafo do *set*, Ique Esteves

FLUIDOS ELÉTRICOS nas mãos e no cérebro...

seria, pois não? Não sabia, é claro, como seria Emmanuel... Se o Chico Xavier pudesse descrevê-lo bem. O certo é que se passou algo muito curioso, que passo a relatar. Quando cheguei a Pedro Leopoldo, estava quase na hora de iniciar-se a sessão que aliás não frequentei. O Chico atendeu-me ligeiramente, deu-me vagas informações sôbre Emmanuel, acrescentando que após a reunião viria ao hotel conversar comigo e que entrementes eu iniciasse a pintura. Voltei ao hotel, mas com intenção de somente iniciar o trabalho quando Chico Xavier chegasse. Em meu quarto, recebi a visita do Sr. Humberto, de cujo sobrenome não me lembro. Manteve palestra comigo sôbre espiritismo, declarando-se "medium". No decorrer da conversa, comecei a desenhar, como se rabiscasse. Pelo que posso dizer, não tinha idéia preconcebida de fixar a figura de Emmanuel. E era."

P — Parece extraordinário, mas o seria para um pintor?

R — "De fato, não julgo nada extraordinário, todavia não tenho deixado de pensar no que ocorreu."

P — Bem, mas antes V. já havia conversado com Chico Xavier sôbre o retrato. Estava, portanto, predisposto para o trabalho. Não esperava com certeza que saísse tão espontâneo, não é isso?

R — "É bem possível que seja a verdade. Asseguro-lhe entretanto que minha mão parecia estar sendo guiada... Ou talvez fôsse apenas impressão. Não sei, nem quero desafiar credibilidades. "Entre o céu e a terra há muita coisa com que nem sonha a nossa vã filosofia"."

P — Sentiu excessiva espontaneidade para executar o retrato que julgava tão difícil?

R — "Sim, um trabalho que não sabia como fazer, executei-o apenas em duas horas. Ao terminar, o Sr. Hum[illegible] para mim e ex[illegible] nhor acaba de [illegible] de Emmanuel, [illegible] de Chico Xavier [illegible] preendido, e — por [illegible] também muito satisf[illegible] tarde, Chico Xavier veio ao hotel, e logo ao ver o retrato confirmou, com nova surprêsa para mim, o que dissera o Sr. Humberto. São as tais coisas... Depois Chico Xavier autenticou o retrato, apondo a sua assinatura ao lado da minha, no original a óleo."

(Continua na pág. 82)

roteção
ANO QUER VIVER
O CRUZEIRO

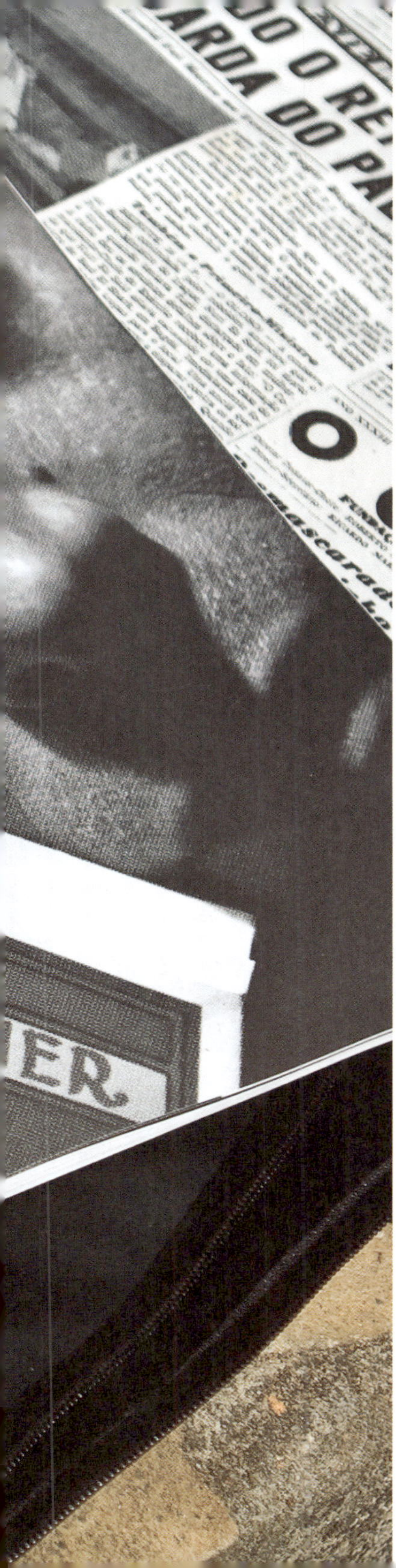

ALMA DE POETA
CORPO DE FRANKENSTEIN
PSICOGRAF
OU MISTIFIC

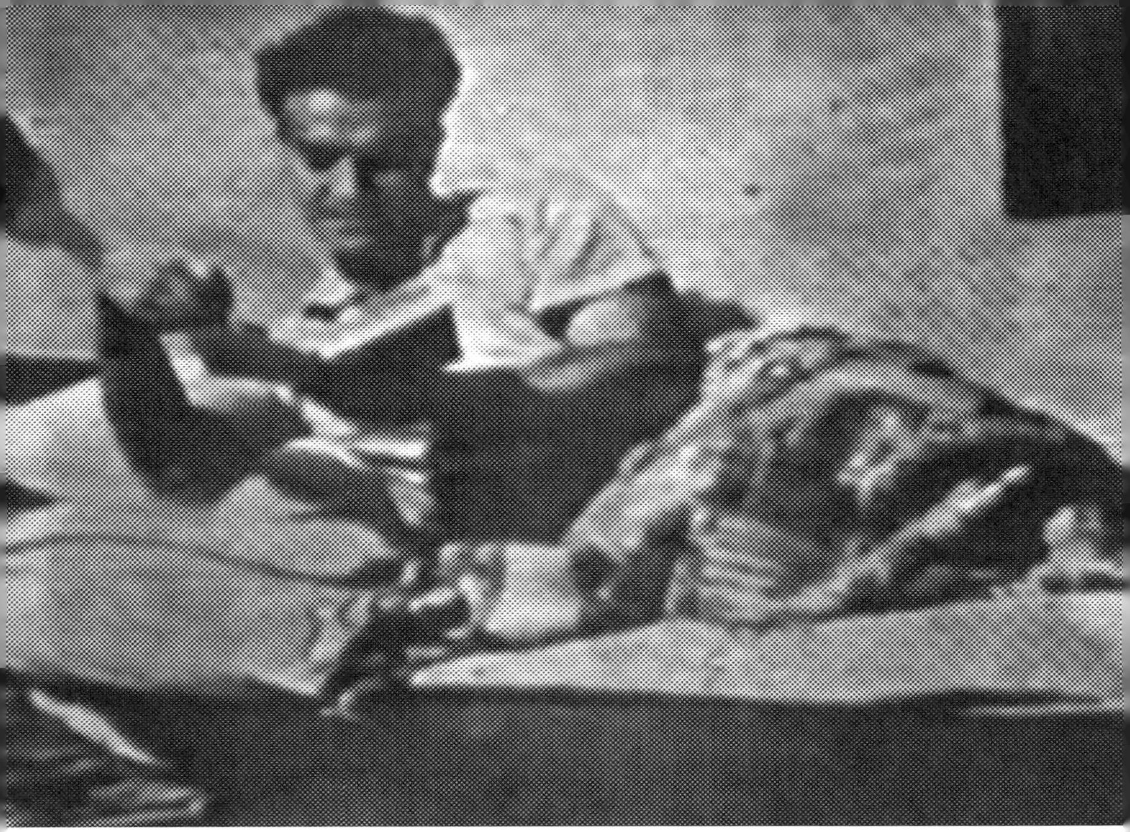

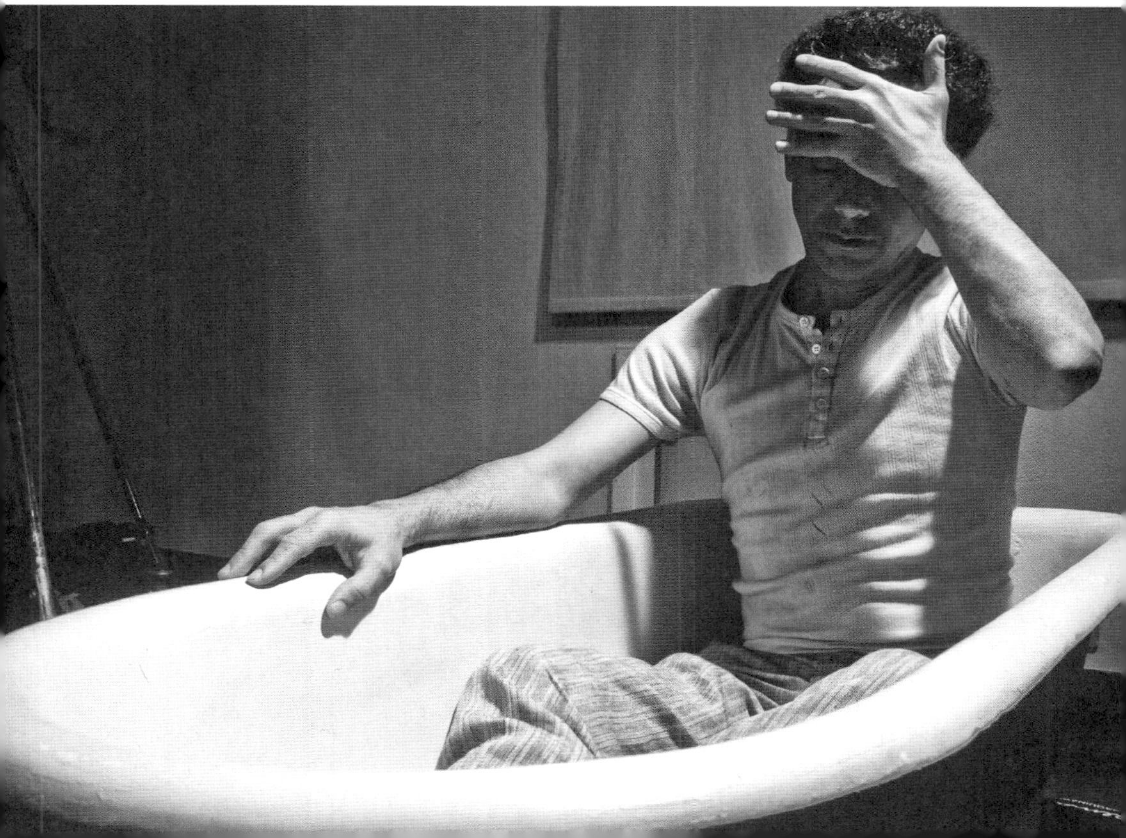

XAVIER

Pele de rinoceronte

Chico colocava no papel poemas assinados por mortos ilustres, como Castro Alves e Olavo Bilac, e era perseguido por um adversário incansável em Pedro Leopoldo: o padre Júlio Maria.

O padre Júlio assinava artigos virulentos contra o médium no jornal local O *Lutador* e fazia o favor de lhe enviar cópias das matérias pelo correio.

Em nome de Jesus Cristo, os textos excomungavam o espiritismo, reduziam a pó a reencarnação e à piada o porta-voz dos mortos no Brasil

"Francisco Cândido Xavier deve ter pele de rinoceronte para suportar tantos espíritos", escreveu em um de seus manifestos.

Chico precisou da ajuda de Emmanuel para engolir o comentário.

– Se você não tem pele de rinoceronte, precisa ter, porque, se cultivar pele muito frágil, será atingido por qualquer alfinetada.

Foram treze anos de alfinetadas até a morte do padre, representado no filme pelo ator Cássio Gabus Mendes.

No último dia de filmagem externa em Paulínia, depois de confrontar Chico Xavier durante a distribuição de comida aos pobres, Cássio foi contemplar o pôr do sol do alto de um morro, e o antagonista de minutos atrás deu lugar a um dos admiradores de Chico.

– Acompanho a história dele desde que me entendo por gente. E hoje estou aqui tão perto...

Silêncio!

Silêncio é prece. A frase está emoldurada e pendurada até hoje em uma das paredes do centro de Chico em Uberaba, o Grupo Espírita da Prece.

Durante as sessões de psicografia, dava para ouvir o lápis de Chico percorrer as páginas em branco até o ponto final das mensagens.

Um alarido contínuo quebrado apenas por suspiros e soluços de pais em busca de notícias dos filhos e por gritos e risos de crianças, levadas às sessões de sábado pelas famílias.

No *set* de *Chico Xavier*, silêncio é obsessão.

Desde o primeiro dia de filmagem, o chefe do platô, Chicão, repete o tempo todo: "Silêncio, por favor". Qualquer cochicho audível, ainda que a metros de distância da cena, é considerado falha grave.

Os celulares devem permanecer desligados enquanto os microfones e as luzes vermelhas das câmeras estão acionados. Nem *vibracall* é permitido.

"CHICO XAVIER"
DIRECTOR DANIEL FILHO
CAMERA NONATO ESTRELA

Não foi à toa que a assistente de continuidade Ana Paula Bucard quase "explodiu" durante as filmagens desta sequência – Chico Xavier no bordel – em um dos quartos de uma casa alugada no Alto da Boa Vista, no Rio de Janeiro.

O Chico Xavier de Ângelo Antônio é apresentado por seu pai, João Cândido (Luís Mello), à cafetina de Pedro Leopoldo e encaminhado a uma das mais belas prostitutas da cidade para sua "primeira noite", e Ana Paula, no cômodo ao lado, fica cada vez mais vermelha.

São minutos intermináveis de aflição, testemunhada por companheiros de equipe, até Daniel Filho gritar "*corta!*" e Ana Paula explodir em um acesso de tosse, para alívio geral.

Torcida silenciosa

Ana Rosa é espírita desde 1976, quando atuou na novela *O profeta*, de Ivani Ribeiro. Conheceu Chico ainda nos anos 1970, durante as transmissões do programa *Pinga-Fogo*, na Tupi, emissora onde já trabalhava como atriz.

Sua iniciação na doutrina de Kardec se deu por meio do diretor da TV Globo Augusto César Vanucci, espírita convicto, fascinado por Chico.

Ele deu à amiga o livro *O evangelho segundo o espiritismo* quando soube da dor que ela enfrentava: a perda do filho Maurício, de pouco mais de um ano, vítima de leucemia.

– Abra em uma página qualquer – disse Vanucci.

Ana abriu o livro à revelia e deparou com um capítulo sobre a morte prematura de filhos.

De lá pra cá, passou a estudar o espiritismo, frequentar centros e encenar espetáculos espíritas, como *Violetas na janela* e *Cândido Xavier*, uma vivência que ajudou a atriz enfrentar a perda de outra filha, Ana Luíza, de 18 anos, em 1995.

Quando Daniel convidou Ana Rosa para participar do filme, havia três possíveis personagens para ela.

A atriz passou a torcer por um deles, sem dizer nada: Carmem Perácio, responsável por identificar o "dom" de Chico, ao lado do marido Perácio (Anselmo Vasconcellos).

– Carmem Perácio. Aceita? – propôs Daniel dias depois.

A cena ao lado mostra o momento em que Carmem e o marido apresentam Chico à essência da doutrina espírita, a obra de Allan Kardec.

"Nós, atores, somos cada personagem que encarnamos. Somos muito intuídos pelo plano espiritual."
Ana Rosa

"O mais importante no Chico é sua história de amor. Ele só propagou o melhor: bondade, ternura, compreensão."
Anselmo Vasconcellos

MASTER

Bons sonhos

Ângelo Antônio mergulhou no mundo de Chico Xavier com muito cuidado. Leu Kardec – autor de obras fundamentais do espiritismo como *O livro dos espíritos*, lidas, relidas e seguidas pelo médium ao longo da vida –, visitou Pedro Leopoldo e Uberaba, de onde trouxe o lenço e o perfume de Chico, apostou em cada detalhe para caracterizar o Chico em formação, assediado por multidões e investigado por repórteres.

Era com os cadarços dos sapatos desatados, como Chico caminhava em sua cidade natal, que Ângelo costumava percorrer o *set*.

E foi aqui, no "seu quarto" em Pedro Leopoldo, que Ângelo aproveitou para cochilar no intervalo de um dia de filmagem.

Cercado de fotos de família, entre boinas e bonés, terços e imagens de santos, e bem ao lado de uma frase crucial na vida de Chico.

"Isso também passa."

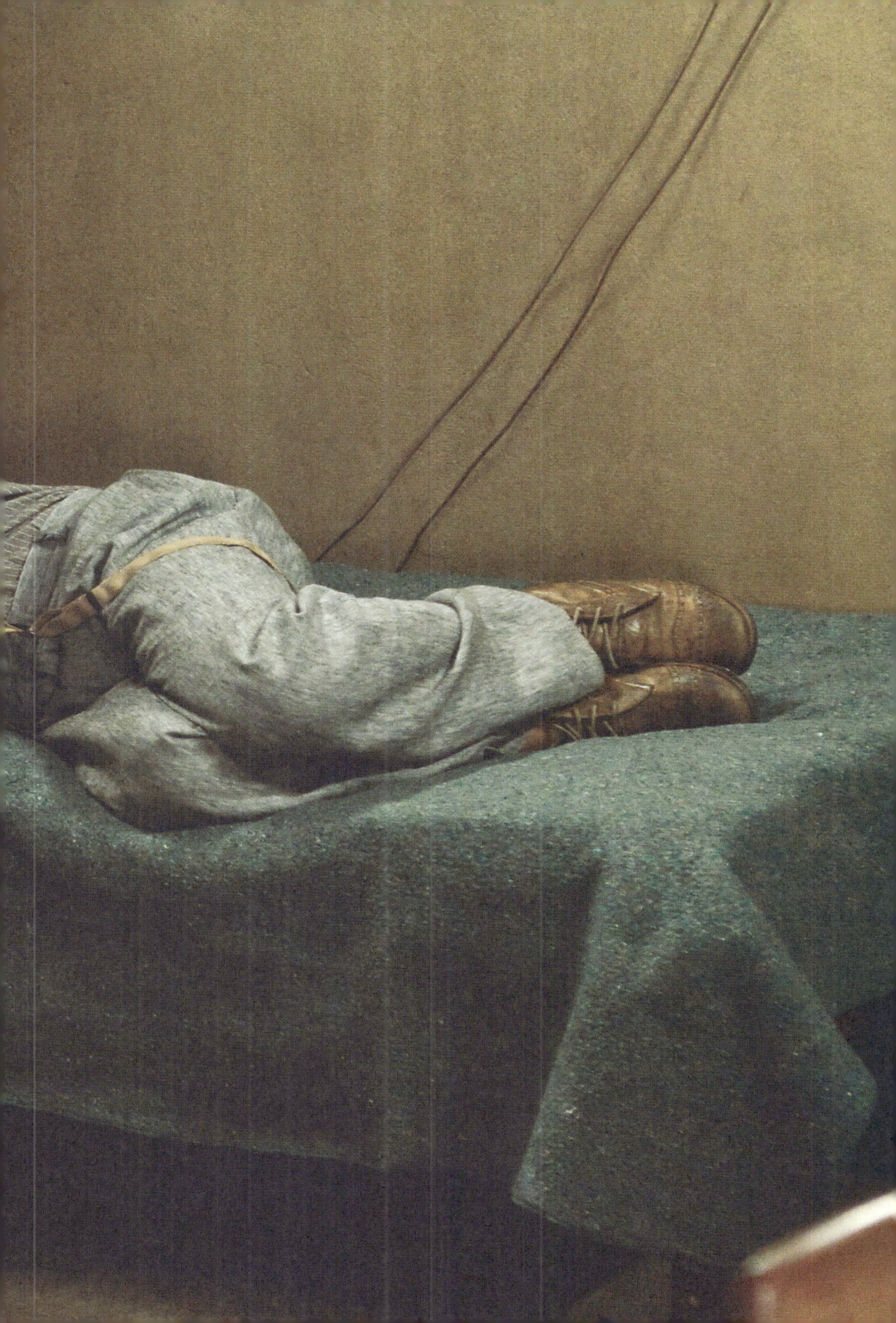

Isso também passa

Das frases de Chico, esta é a preferida de Daniel Filho, calejado pelas quedas e ascensões de uma carreira marcada por muito poder e poder nenhum, sucessos e fracassos, assédio e solidão.

Chico encontrou força nesta frase enquanto era denunciado por plágio, investigado por jornalistas e processado na justiça.

Em um dos momentos de crise – e de pavor de acabar na prisão –, ele pediu socorro ao seu guia Emmanuel. E pediu alto: uma orientação da própria Maria de Nazaré.

Os dias se passaram e Emmanuel voltou com a encomenda. Uma frase só, atribuída à mãe de Jesus:

– Isso também passa.

Chico agradeceu a bênção, anotou a frase em um papel e a colocou na mesa de cabeceira, ao lado de sua cama em Pedro Leopoldo.

Todas as manhãs e todas as noites, ele lia e relia a frase durante as orações.

Isso também passa.

Emmanuel tratou de fazer uma ressalva: a frase valia para os momentos de tristeza e de felicidade.

Todos os sons

Daniel Filho encomendou a Egberto Gismonti, um dos músicos mais ousados e respeitados do país, a trilha sonora da vida de Chico Xavier. Já na primeira conversa, o compositor descreveu ao diretor, em poucas e surpreendentes palavras, seu processo de criação:

– Não sei o que é psicografia, não sei o que é médium, mas de uma coisa eu sei: quando vou escrever para orquestras, eu me sento em uma poltrona lá em casa, ponho um papel em branco na minha frente, ouço a música e transcrevo. Não sei quem sopra a melodia para mim.

E assim, guiado pela música, Egberto encontrou o que define como o "conceito musical" do filme, a tradução sonora da saga de Chico Xavier desde a infância assombrada em Pedro Leopoldo até a maturidade idolatrada em Uberaba.

– No início da vida de Chico, há um ruído insuportável, composto de sons eletrônicos e acústicos. Aos poucos, este som incomodativo se transforma em uma grande melodia.

O compositor tentou captar os prazeres, tristezas, dúvidas e contradições de Chico para afinar os tons dissonantes ou não de cada etapa da trajetória do médium.

Viola, violão, flauta e clarineta, "instrumentos dos interiores brasileiros", convivem no filme com sonoridades sinfônicas e com voz ou piano solitário.

– Não tem uma música de personagem.

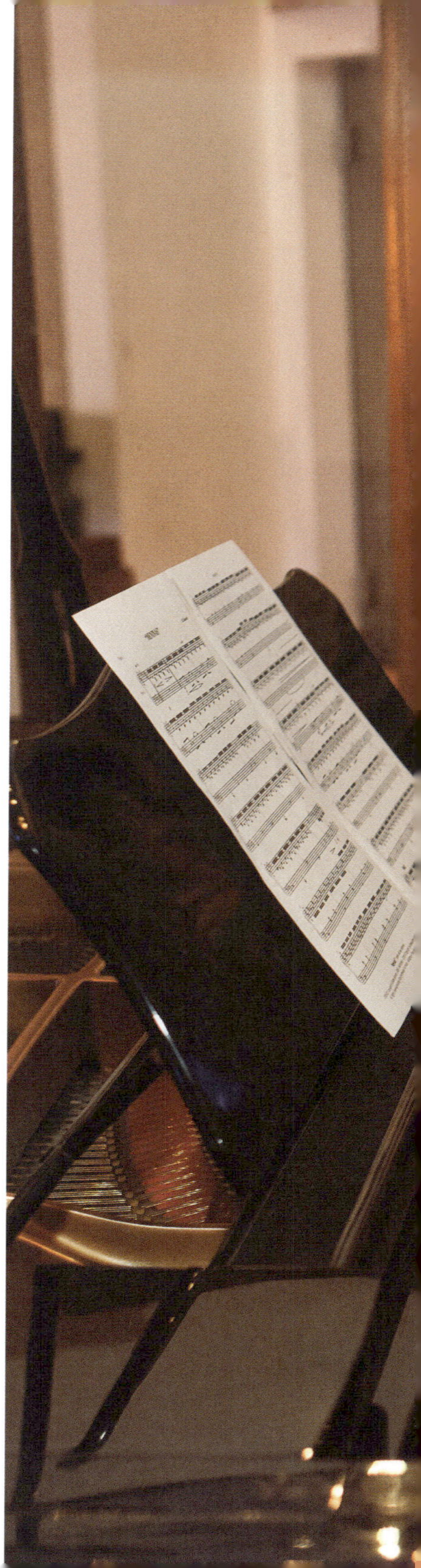

Até porque o Chico não é um. Se Chico pudesse ser classificado como um, seria um grupo de heterônimos Chico "são" muitos.

Nesse mergulho no universo de Chico, Egberto identificou a importância da figura da mãe na história do filho de Maria João de Deus, enteado de Cidália, afilhado de Rita, canal de "mensagens de filhos mortos" para mães de todo o país.

– A mãe é um elemento-chave. Em todos os níveis. Mãe, madrinha, madrasta, mulher.

A bela voz de Olivia Byington, parceira constante do músico desde a sua estreia como cantora nos anos 1970, marca esta presença feminina em momentos cruciais da trilha sonora.

No clímax do drama vivido por Tony Ramos e Cristiane Torloni (pais que perderam o filho), a mãe se manifesta nas entrelinhas da cena quando Olivia passa a cantarolar em soluços e em espaços de respiração que traduzem, ao mesmo tempo, a sensação de desespero e a entrega afetiva daquele momento.

Só vendo e ouvindo para entender.

"Nunca fui espírita, chego a ser ateu, mas acho absurdamente bonita e necessária a existência de pessoas que, como Chico, vivem através da crença ou da fé pura. Sinto uma gratidão imensa pela vida que este homem levou."

Egberto Gismonti

Sugerir (ideia)

Substância preventiva do bócio endêmico

"(?), o o Passageiro", filme

pertence a você (fem.)

Lagre: trapaça

Sufixo de "boiada"

Febre (?), doença endêmica no Equador

Vadiagem (fig.)

O Apóstolo Descrente

Goi, em inglês

Detestável; execrável

Período de 365 dias

Excitar; estimular

Conterrâneos de Michelle Bachelet

Agravar (estado de saúde)

Amada de Peri (Lit.)

Atleta de maratona

Montes (?): separam Ásia e Europa

Nereu Ramos, político brasileiro

Felipe (?), vice da F1 em 2008 (autom.)

Notre-(?), catedral parisiense

Principal produto culinário da soja

Perverso

A 5ª nota musical

Mantra da meditação

Um dos sintomas da gripe suína

Conjunto de galhos de árvore

O tipo sanguíneo

Divulgação/TV Globo

tor, diretor, cineasta e produtor de
V, este brasileiro contribui notavel-
ente para o crescimento do Cinema
acional. Seu último sucesso como
... Eu Fosse Você 2",

Palavras cruzadas

Cena comum nos bastidores de *Chico Xavier*: Babaya, professora de técnica vocal, se recolhe num canto do *set*, nos intervalos das filmagens, para se dedicar ao passatempo preferido, palavras cruzadas.

Sempre tranquila, era ela quem ajudava a "afinar" o tom dos Chicos do filme, ao lado da atriz Cynthia Falabella. As palavras ditas por Nelson Xavier, Ângelo Antônio e Matheus precisavam ter uma sonoridade e um ritmo em comum – um "mineirês" convincente –, e era aí que elas entravam.

Babaya lida com as palavras ditas no *set* e nos palcos do grupo teatral mineiro Galpão e, nas horas vagas, tenta encontrar as palavras certas para preencher vazios horizontais e verticais.

E vejam só o desafio ao lado lançado na última semana de filmagens:

"Ator, diretor cineasta e produtor de TV, este brasileiro contribuiu notavelmente para o crescimento do cinema nacional. Seu último sucesso como ator e diretor: Se eu fosse você 2...".

Difícil...

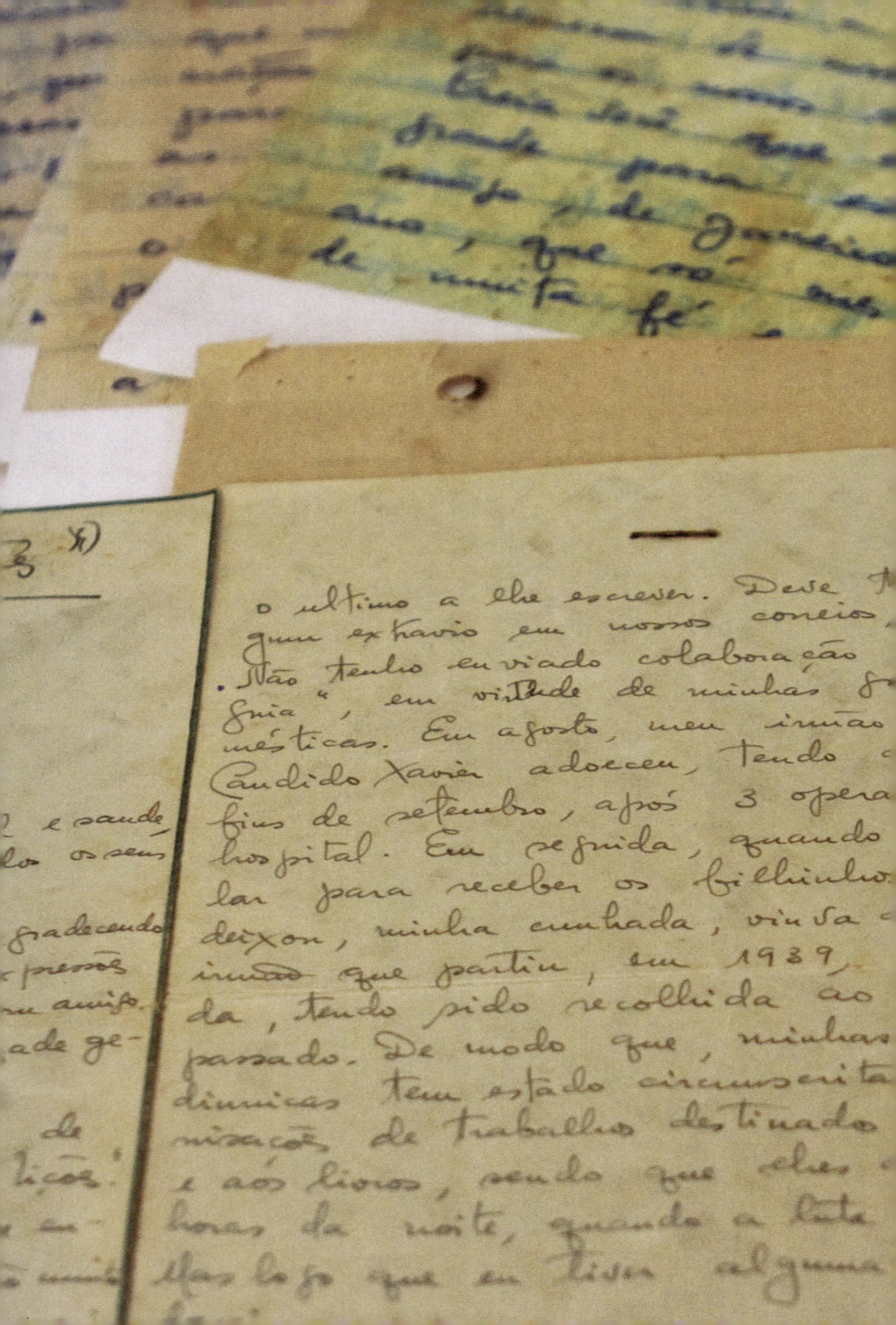

o ultimo a lhe escrever. Deve
gum extravio em nossos correios,
Não tenho enviado colaboração
Gruta", em virtude de minhas
mésticas. Em agosto, meu irmão
Candido Xavier adoeceu, tendo
fins de setembro, após 3 opera
hospital. Em seguida, quando
lar para receber os filhinhos
deixou, minha cunhada, viuva
irmão que partiu, em 1939,
da, tendo sido recolhida ao
passado. De modo que, minhas
dinnicas tem estado circunscrita
nizações de trabalhos destinados
e aos livros, sendo que eles
horas da noite, quando a luta
Mas logo que eu tiver alguma

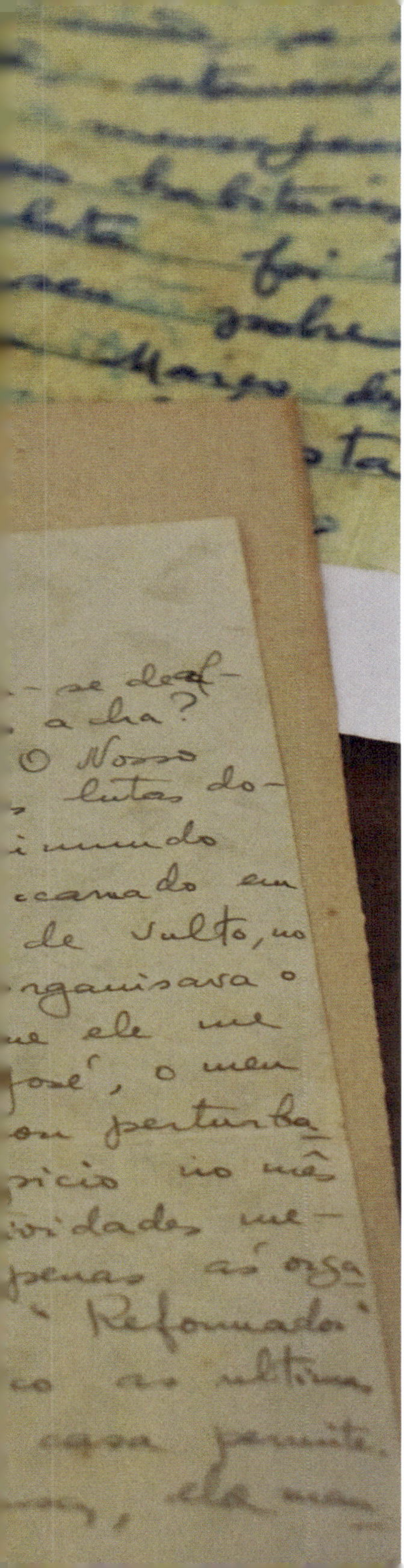

Palavras contadas

Chico aprendeu com o tempo a ter cuidado com cada palavra dita ou escrita e se tornou um mestre em eufemismos.

No seu mundo, não havia prostitutas, mas "irmãs vinculadas ao comércio das forças sexuais". Os filhos de "mãe solteira", naquele Brasil ainda muito conservador, ele encarava como "filhos de pais ausentes".

Presos eram "educandos", e pobres, "os mais necessitados".

Chico considerava os adversários "amigos estimulantes", definia suas "enfermidades" (catarata e angina) como "as melhores enfermeiras" – "porque me ajudam a resgatar dívidas passadas" – e encarava os "maus" como "ainda não bons".

O autor de mais de quatrocentos livros e milhares de mensagens de consolo a famílias enlutadas temia e respeitava a força das palavras.

"Chico era o homem da palavra certa e da ação exemplar. Ele transcende religiões."
Tony Ramos

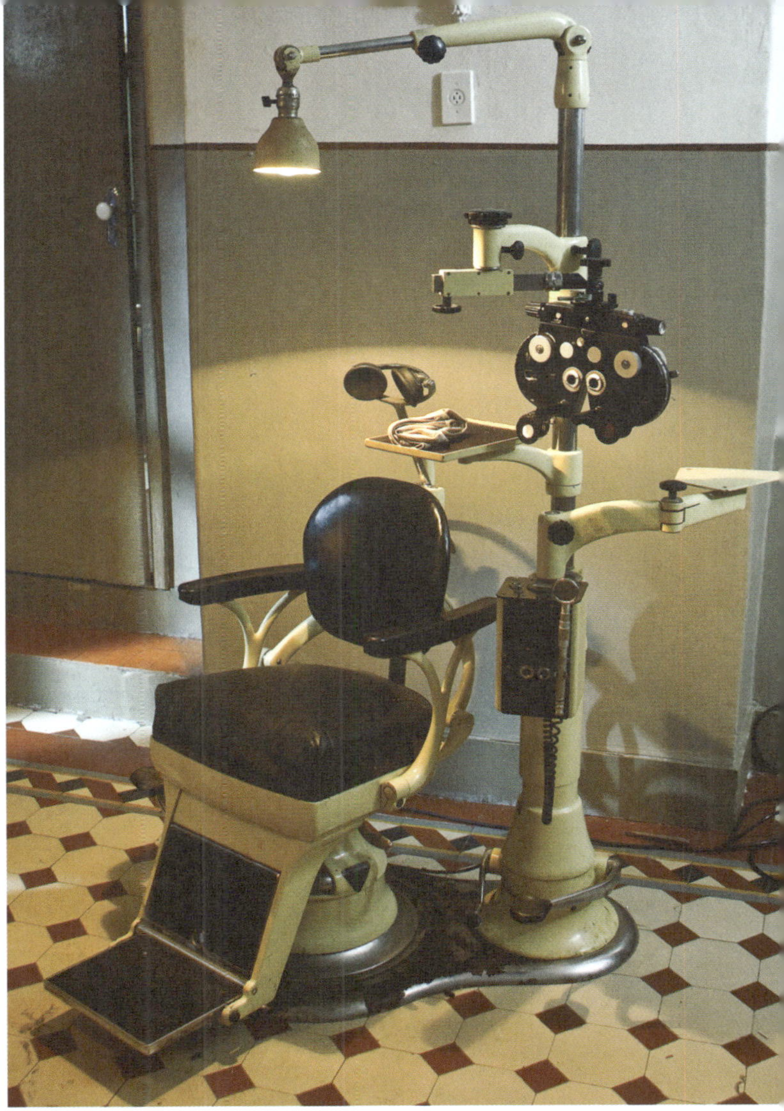
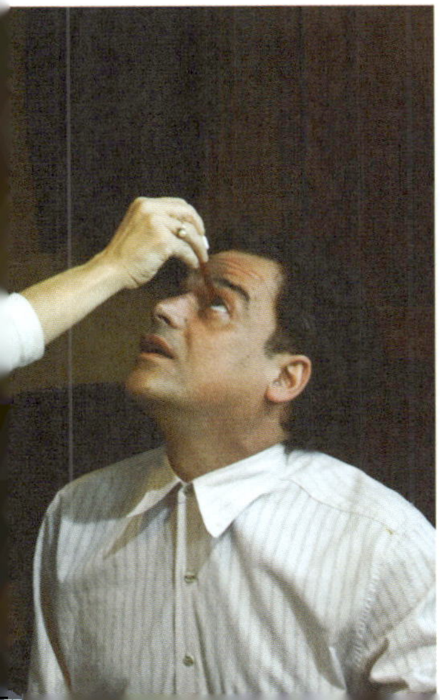
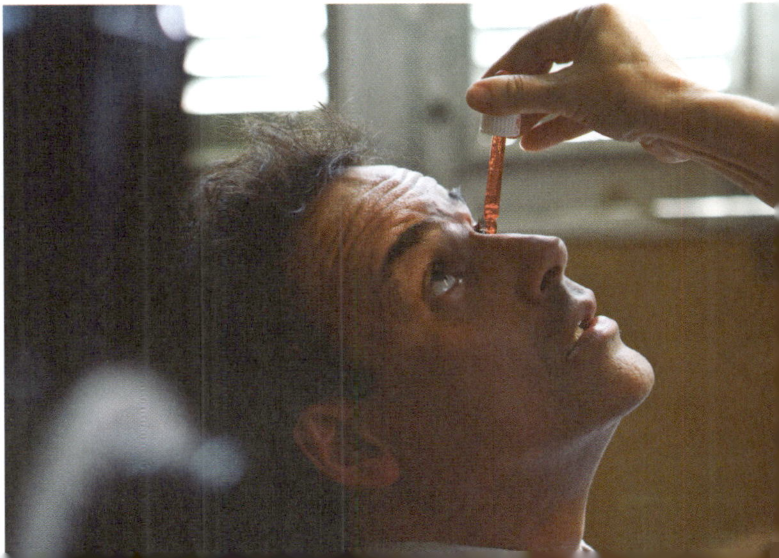

Quebra-cabeça

Já no segundo dia de filmagens, entrou em ação uma figura decisiva em *Chico Xavier*: a montadora Diana Vasconcellos, parceira de Daniel em *Primo Basílio*, *Se eu fosse você 2* e *Tempos de paz*. Todas as cenas filmadas e refilmadas a cada dia destas oito semanas de maratona foram encaminhadas a ela na sede da Lereby.

De olho no roteiro de Marcos Bernstein, atenta a cada *take* captado no *set* e a cada observação de Daniel, Diana foi montando o seu quebra-cabeça nesta "ilha" onde as sequências são arquivadas e combinadas. Objetivo: apresentar o primeiro corte do filme – edição ainda bruta, sem qualquer efeito de finalização – duas semanas depois da filmagem da última cena.

O cronograma foi cumprido à risca, mas com um estouro preocupante: as cerca de 120 páginas do *script* de Marcos geraram três horas e dez minutos de material editado. Desespero? Nenhum. Com mais de trinta filmes no currículo, Diana afiou olhos, ouvidos e "tesouras" em busca dos cortes precisos até chegar a uma versão mais enxuta, lapidada com Daniel: duas horas e vinte minutos de duração.

E começou a fase mais sofrida: o momento de "cortar na carne" e abrir mão de cenas queridas até alcançar as duas horas planejadas, sem perder *takes*, silêncios e outros detalhes preciosos.

Um trabalho de formiga e de cigarra, que só chegou ao fim quando entraram em cena a trilha sonora e os efeitos visuais.

Para cumprir o cronograma, Sylvia Ramos (acima), da pós-produção, começou a organizar o material captado já na primeira semana de filmagens. Ela foi a ponte entre Diana (acima à direita e página ao lado) e a equipe de efeitos sonoros e visuais.

LG
LG
SAMSUNG

Composition: 8010_C015_07089D_M
8010_C015_07089D_M
Full
Active
0:00:17:00
(67.2%)
8 bpc
8010_C015_07089D_M
Mode
TrkMat
Parent
Layer Name
[8010_C..._M.mov]
Screen
None
Normal
Opacity
Effects

Efeitos especiais

Nada de fantasmas flutuantes ou espíritos luminosos. Invisíveis em *Chico Xavier* só mesmo os efeitos especiais encomendados por Daniel Filho e preparados com muito cuidado pela equipe da produtora O2, de Fernando Meirelles.

O objetivo desses efeitos é esconder o que ninguém deve ver, como antenas parabólicas em casas antigas, dar forma ao que não existe (uma montanha no fundo do cenário) ou rejuvenescer Ângelo Antônio para as cenas em que interpreta Chico Xavier aos vinte anos.

Estas fotos mostram o antes e o depois de alguns retoques – mágicas do cinema que devem passar despercebidas na tela para funcionar. Ninguém vai notar, mas *Chico Xavier* tem quase uma hora e vinte minutos de efeitos especiais.

Volta no tempo: Ângelo Antônio antes e depois do rejuvenescimento digital.

As nuvens ganharam forma e movimento depois de quarenta dias de trabalho da equipe de efeitos especiais.

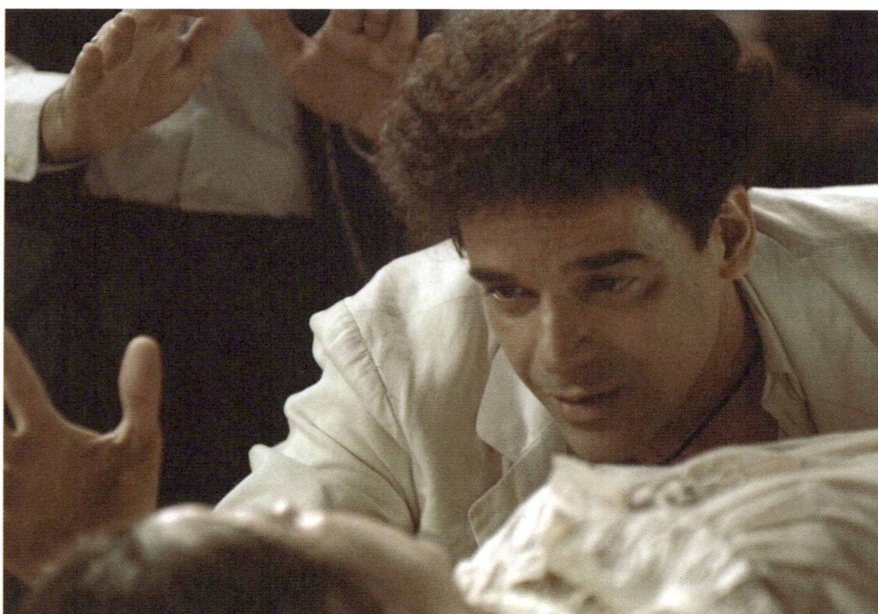

72 profissionais trabalharam na criação dos efeitos especiais durante cinco meses. Ao todo, foram produzidas 180 cenas de rejuvenescimento.

O auditório da TV Tupi lotou com a ajuda da programação gráfica.

O televisor dos anos 1970 nem precisou ser ligado: as imagens vieram depois, na ilha de edição.

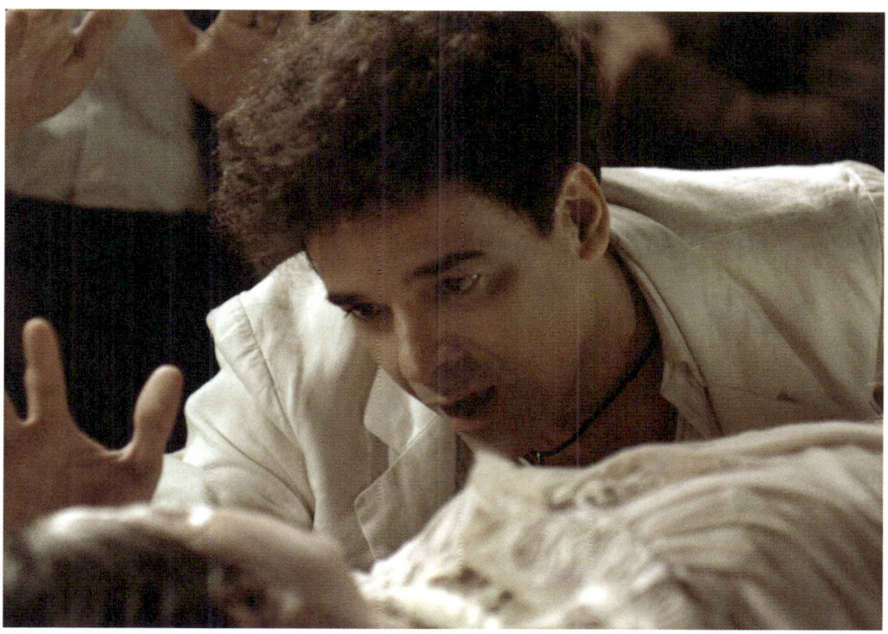

O filme e os efeitos de *Chico Xavier* ocuparam 21 terabytes de arquivos. Ou melhor: 21 mil gigabytes!

TV TUPI

Aviso

No filme, Tony Ramos e Cadu Fávero (que interpreta o diretor de corte do programa *Pinga-Fogo*) dão voz à multidão de céticos que duvidam da possibilidade de contato entre vivos e mortos e atribuem a fraudes – ou, na melhor das hipóteses, ao inconsciente do suposto médium – a autoria das mensagens assinadas por espíritos.

– Você acredita? Será? Chico vivia mesmo cercado de espíritos?

Pendurado na porta do quarto de Chico, na residência que hoje abriga o Museu Chico Xavier, há um aviso surpreendente escrito por ele enquanto sua casa estava em obra.

AVISO

Se algum amigo espiritual porventura estiver determinado a me proporcionar a alegria de uma visita, aviso que estarei nesta noite, somente hoje, no quarto à esquerda, onde estarei com a satisfação de receber. A mudança do meu dormitório foi necessária a fim de promover consertos no sistema de água. Amanhã já voltarei ao meu próprio aposento.

Jesus nos abençoe como sempre.
Muito grato,

Chico Xavier,
Hoje, 22/10/96

Chico está chegando

Dez horas da manhã de um sábado ensolarado e as ruas em frente à Casa da Prece, o centro de Chico em Uberaba, já estão tomadas de gente. Mulheres de vestido estampado, xale sobre os ombros e lenço na cabeça misturam-se a homens de camisa xadrez ou listrada. Alguns usam sombrinhas ou chapéus de palha para se proteger do sol. Estamos de volta aos anos 1970, entre ônibus antigos e velhos amigos de Chico.

Este é o último dia de filmagem de *Chico Xavier*. Oito semanas depois do pedido inicial de silêncio e do primeiro grito de ação no *set*, a equipe comandada por Daniel Filho se prepara para reproduzir uma cena que se repetia, todos os sábados, naquela rua, diante da mesma casa simples: a chegada de gente vindo de todos os cantos do país, em caravanas, para ver Chico, receber mensagens do além, beijar sua mão e ter a mão beijada por ele.

A população de Uberaba foi convocada para entrar em cena, e um galpão, ao lado do centro, transformou-se em camarim para a multidão de figurantes. Dona Augusta, Francisca, Rosário, cada uma guarda uma lembrança feliz do "tio Chico".

– Ele me ajudou a criar três filhos.

– Ele doava roupa, colchão, enxoval completo pra gente. Tudo novo.

– Tio Chico não vai morrer pra nós.

Os depoimentos se repetem.

Antes do início da filmagem, dois jornalistas, de gerações diferentes, encontram-se com Daniel Filho e Eurípedes, o filho adotivo de Chico, no jardim florido da Casa da Prece. Eram Saulo Gomes – que fez de Chico uma celebridade nacional ao conduzir duas entrevistas com o médium no *Pinga-Fogo*, nos anos 1970 – e este que escreve estas linhas e que, há exatos quinze anos, desembarcou neste mesmo lugar, cético à beça, para escrever uma biografia jornalística de Chico, *As vidas de Chico Xavier*...

Daniel festeja o reencontro com Saulo, velho companheiro de reportagem nos tempos da TV Tupi. Eles chegaram a transmitir desfiles de carnaval juntos, direto da avenida Rio Branco, no Rio de Janeiro.

– A gente entrevistava até poste, porque as transmissões não tinham hora para acabar – lembra Daniel.

Saulo, que não aparenta seus 81 anos, viajou mais de 350 quilômetros de carro para estar ali.

– Não podia perder este dia por nada – ele observa a multidão e se impres-

siona com o que vê. – Era assim, exatamente assim, que as ruas ficavam nos tempos de Chico.

Um Nelson Xavier de olhos marejados e voz embargada grava a primeira cena do dia. Diante da mãe que busca mensagens do filho morto, diz uma das frases repetidas várias vezes pelo médium:

– O telefone só toca de lá pra cá...

Na próxima cena, Chico, ou melhor, Nelson, senta-se no banco do jardim, entre suas roseiras, e folheia um dos 412 livros psicografados por ele: *Busca e acharás*, de André Luiz. Duas borboletas são enquadradas e enfeitam a cena.

– Nelson está muito, muito parecido com Chico – diz Eurípedes.

Era como se, sete anos após a morte, o pai estivesse de volta.

E chega o momento da segunda etapa das filmagens. O cenário agora é o refeitório fundado por Chico a dois quarteirões da Casa da Prece. Uma longa fila de "necessitados" se posiciona para receber pão e sopa das mãos de Nelson. Figurantes se misturam aos frequentadores reais dessas sessões de distribuição, que ainda acontecem toda semana. Uma das figurantes se emociona de verdade e desaba em uma crise de choro.

– Fiquei me lembrando dele. É uma honra imensa poder fazer esta homenagem ao Chico. Tô muito, muito emocionada.

No entanto, o momento mais emocionante ainda ia começar. Às quinze horas, a multidão convocada pelo rádio e pela tevê ao longo da semana se aglomera diante da Casa da Prece para as filmagens da última sequência. Chico Xavier vai chegar, em uma Veraneio, acompanhado de sua amiga Cleide (Rosi Campos), acenar para a multidão e entrar no centro. Só isso.

Nelson Xavier (com a boina de Chico), o jornalista Saulo Gomes e Daniel Filho.

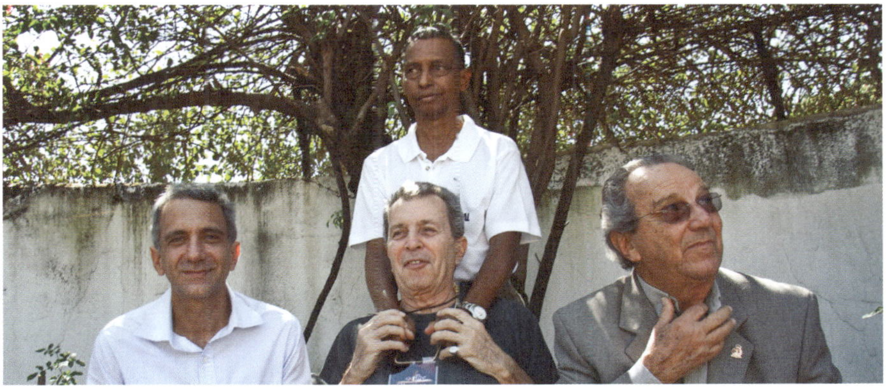

No banco do quintal do centro de Chico, Marcel, Daniel e Saulo Gomes. De pé, o anfitrião Eurípedes.

Duas gerações lado a lado: Marcel, autor de *As vidas de Chico Xavier*, e Saulo Gomes, o primeiro repórter a entrevistar Chico para a tevê, em 1968.

Nelson entre a atriz Rosi Campos e Eurípedes: crise de choro no final das filmagens.

Busto de Chico na praça em frente ao Grupo Espírita da Prece.

Daniel com os dois Eurípedes: o real (à esquerda) e o ator Guilherme Bernard.

Cris D'Amato na filmagem da última cena.

A multidão reencontra "Chico" em Uberaba, sete anos depois de sua morte.

A diretora-assistente Cris D'Amato e o produtor-executivo Julio Uchôa se revezam no microfone para comandar a massa pelos alto-falantes posicionados na rua.

– Calma, gente... Não corram... Não empurrem. Abaixe essa sombrinha, por favor... Tirem os bonés, pelo amor de Deus. Chico está chegando... Ele tá vindo...

Do alto de um carro de som, Daniel confere o quadro, checa as lentes e dá o *ok*.

Chico aparece com seus óculos escuros, o sorriso tímido, os gestos suaves. Desce do carro cercado pela multidão, acena e sorri para todos, como nos velhos tempos.

Nelson entra na casa e, ao sair de quadro, longe das câmeras, tem uma crise de choro. Em seguida, vai para o jardim, senta-se sozinho em um banco e, talvez sem saber, faz o que Chico costumava fazer ali mesmo: apoia as mãos sobre as pernas e olha para o céu.

As filmagens lá fora, com os figurantes, ainda não terminaram quando Nelson faz um pedido: quer raspar o cabelo. Pedido feito e atendido na hora. A cabelereira Glória Maria cobre seus ombros com uma

97

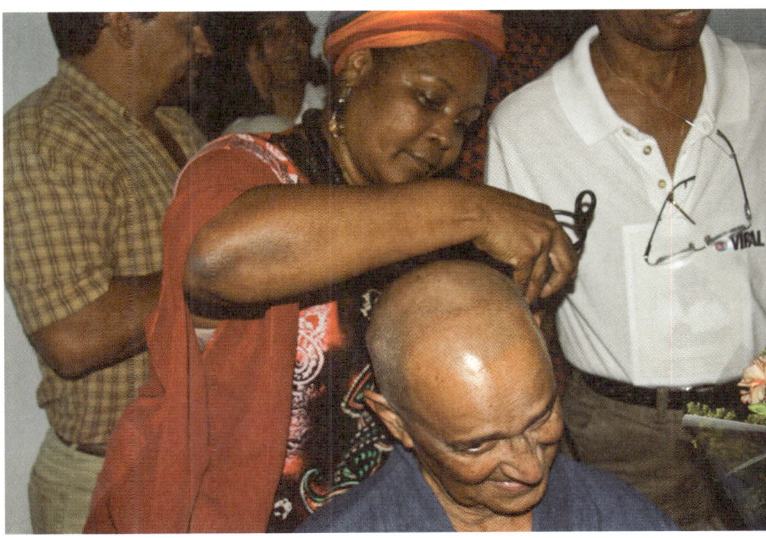
VIPAL

toalha vermelha e Nelson, já de roupão azul, começa a se despedir do seu personagem mais querido – o único que pediu para fazer na vida.

Os cabelos caem no chão da varanda da Casa da Prece e Eurípedes observa a distância. Nelson fecha os olhos mais uma vez e, de novo, põe as mãos sobre os joelhos. E continua assim enquanto a equipe grava o último *take* do filme: uma imagem do jardim repleto de rosas plantadas por Chico.

São 17h20 em ponto quando Daniel dá o grito final:

– Pronto. Agora acabou.

Aplausos, abraços, a equipe festeja. Daniel entrega as últimas flores para Nelson, Rosi Campos e Guilherme Bernard, que viveu Eurípedes.

– Obrigado. Muito obrigado a todos vocês.

E todos agradecem de volta...

Daniel deixa o centro e logo é cercado por câmeras e celulares. Sem pressa, distribui autógrafos e sorrisos e agradece a cada um a participação no filme. O cronograma foi cumprido à risca, sem um minuto de atraso.

Julio Uchôa abraça os integrantes da equipe enquanto repete algumas de suas frases, que já se tornaram clássicas, com o entusiasmo habitual:

– Maior prazer. Um arraso.

E foi mesmo.

Nelson Xavier resume com estas palavras a sua experiência:

Arrasador.

Arrebatador.

E encerra:

– Eu me sinto pleno.

Amém, obrigado

O produtor-executivo Julio Uchôa, o "homem da Bíblia" na cena com Ângelo Antônio, resume em poucas palavras o desafio da equipe: "construir um filme grande com cara de simples".

Coube a ele reger a orquestra da produção de R$ 11 milhões, 126 atores, quatro mil peças de figurino, entre roupas e acessórios, e 84 cenários.

Mas nem tudo são números nesta empreitada. Julio tem outra lista na gaveta: as suas cenas mais marcantes. "Detalhes", como ele diz:

- pequenos sorrisos construídos por Ângelo Antônio;
- uma pausa de Nelson;
- o garoto acertando o pião após dois meses de tentativas;
- a primeira atuação de Tony Ramos, que levou os figurantes às lágrimas;
- a última cena filmada no jardim da casa real de Chico em Uberaba;
- a cena inicial do filme, quando Chico pede proteção à mãe;
- a última fala nos créditos de encerramento – "Amém, obrigado".

Os distribuidores Bruno Wainer, da Downtown, Rodrigo Saturnino, da Sony, e Cadu Rodrigues, da Globo Filmes: hora de levar a história de Chico às telas de todo o país.

entrevista Daniel Filho

Por que fazer este filme?

Faço filmes que gostaria de ver. E *Chico Xavier* é um desses filmes.

Eu iria ao cinema para saber quem foi este homem. Foi um curandeiro? Não. Não foi. Ele escreveu livros, consolou pessoas, passou para o papel mensagens assinadas por espíritos.

Que fenômeno é este? Como explicar este dom?

É interessante tratar de assuntos para os quais a gente não tem uma explicação concreta, apesar de buscar uma resposta.

O que me fascinou foi o homem, Chico Xavier, e sua história, tão diferente das que costumamos ver no cinema.

O que o público vai ver na tela?

Vai ver a história de um homem que muitos consideram um santo e também o que, neste homem, pode ser considerado santo ou não. Para mim, Chico é absolutamente terreno, mas o seu comportamento terreno – sua maneira de agir, de falar, de lidar com a diversidade e de responder aos desafios – é encarado e consagrado como santo por milhões de pessoas. Chico Xavier é, sem dúvida, o maior líder espiritual que este país já teve. Não por acaso ultrapassou Pelé e o ex-presidente Juscelino Kubitschek como Mineiro do Século em eleição decidida por voto popular.

ROLLEIFLEX

Chico transcende a religião, e você conta a história dele sem ser partidário. Esta é uma forma de atrair o público que não acredita no espiritismo a assistir ao filme?

Quando pedi permissão, lá no centro do Chico, para contar a história dele e me declarei ateu, todas as pessoas que protegem a memória do Chico Xavier ficaram aliviadas. Elas queriam a imparcialidade e em momento algum demonstraram medo de que eu fizesse uma devassa na vida do Chico. Eu estava livre para contar o que quisesse e contei o que achava necessário contar. Não omiti nada do que sabia sobre Chico Xavier.

Fazer este filme modificou você em algum aspecto?

Nenhum outro filme mexeu tanto comigo. A convivência que eu tive com essa pessoa, com sua vida, com sua história, com as coisas que o envolvem sem dúvida mexeu comigo e com muitas pessoas que fizeram o filme. Esse contato com Chico Xavier não me tornou um espírita, um crente, mas mexeu no que acho mais fundamental: nos meus valores.

Você continua sendo ateu?

Continuo ateu porque me tornei ateu. Eu não nasci ateu. Fui umbandista, fui cristão, mas já não tenho religião, apesar de considerar todas as crenças muito importantes e entender e respei-

tar as pessoas que não podem viver sem elas. Então, digo que não sou um homem atado a uma religião, mas sou um homem de fé, porque a fé não está ligada a uma religião. A fé não faz perguntas, mas acredita na comunhão das pessoas, no fato de que quem emana o bem recebe o bem e de que você depende dos outros para viver. Acredito em uma série de valores na "vida terrestre", mas não acredito que um ser superior possa comandar a gente. Nós somos responsáveis por nossos atos, pelo nosso planeta, pela nossa vida, pelo que emanamos e recebemos.

Você acredita nas cartas psicografadas do Chico?

Eu acredito no Chico, mas não tenho conhecimento suficiente para avaliar ou explicar esse fenômeno. Como ou de onde vieram as mensagens e livros que ele sempre atribuiu aos espíritos? Como é esse processo?

Acho mais importante pensarmos no seguinte: várias pessoas têm ou dizem ter esse poder – a mediunidade – , no entanto nenhuma delas vive ou viveu como Chico. A vida que o Chico levou, tão devotada, o tornou uma pessoa especial.

Ou seja: seu dom espiritual foi acrescido de outro dom – o dom da sua vida, a maneira como ele devotou a própria vida à sua missão, ao seu dom espiritual. É isso que o torna diferente dos outros – nem melhor, nem pior, mas diferente.

O ator é um médium?

O que é um médium? É aquela pessoa que deixa o corpo relaxado para que outra vibração tome conta dele. Mas o médium não tem controle sobre essa vibração – o ator tem.

Alguns bons atores se transformam em outras pessoas. Outros conseguem, sendo eles mesmos, trazer informações e vibrações de vida que transformam outras pessoas.

Algumas pessoas viveram, no nosso filme, situações que só elas poderiam viver. Cito um exemplo difícil: Cristiane Torloni. Foi lindo, muito corajoso e generoso, ela ter enfrentando este papel.

O Tony Ramos, que interpreta um diretor de tevê cético, é o seu *alter ego* no filme?

Não digo que seja meu *alter ego*. Ele representa o que muitos de nós somos diante do espiritismo e o que podemos nos tornar, na vida, em situações críticas, quando nossos valores e crenças são colocados em xeque. Com a mesma firmeza com que declaro ser ateu, digo que não sei como ficariam minhas convicções diante de um fato grave da vida, que envolva um familiar ou me atinja. Então, o personagem do Tony (*pai que lida com a perda de um filho*) representa grande parte de pessoas que, como eu, se dizem ateus, sem religião, mas que, diante de algo muito forte, deixam ao menos escapar um "Ai, meu Deus do céu."

Qual é o legado de Chico Xavier para o Brasil?

Não me sinto a pessoa mais indicada para fazer uma avaliação dessas, mas vamos lá. É o legado da fé no sentido mais amplo. Com sua história de sofrimento e superação, Chico leva esperança e consolo a milhões de pessoas. Chico conseguiu corrigir seus pontos fracos ou transformá-los em pontos fortes e é isso que tento mostrar no filme. Essa experiência de transformação. Chico pode ser visto como um exemplo real de que cada um de nós pode ser uma pessoa melhor, independentemente da fé ou da religião. Mais do que espírita, ele era ecumênico.

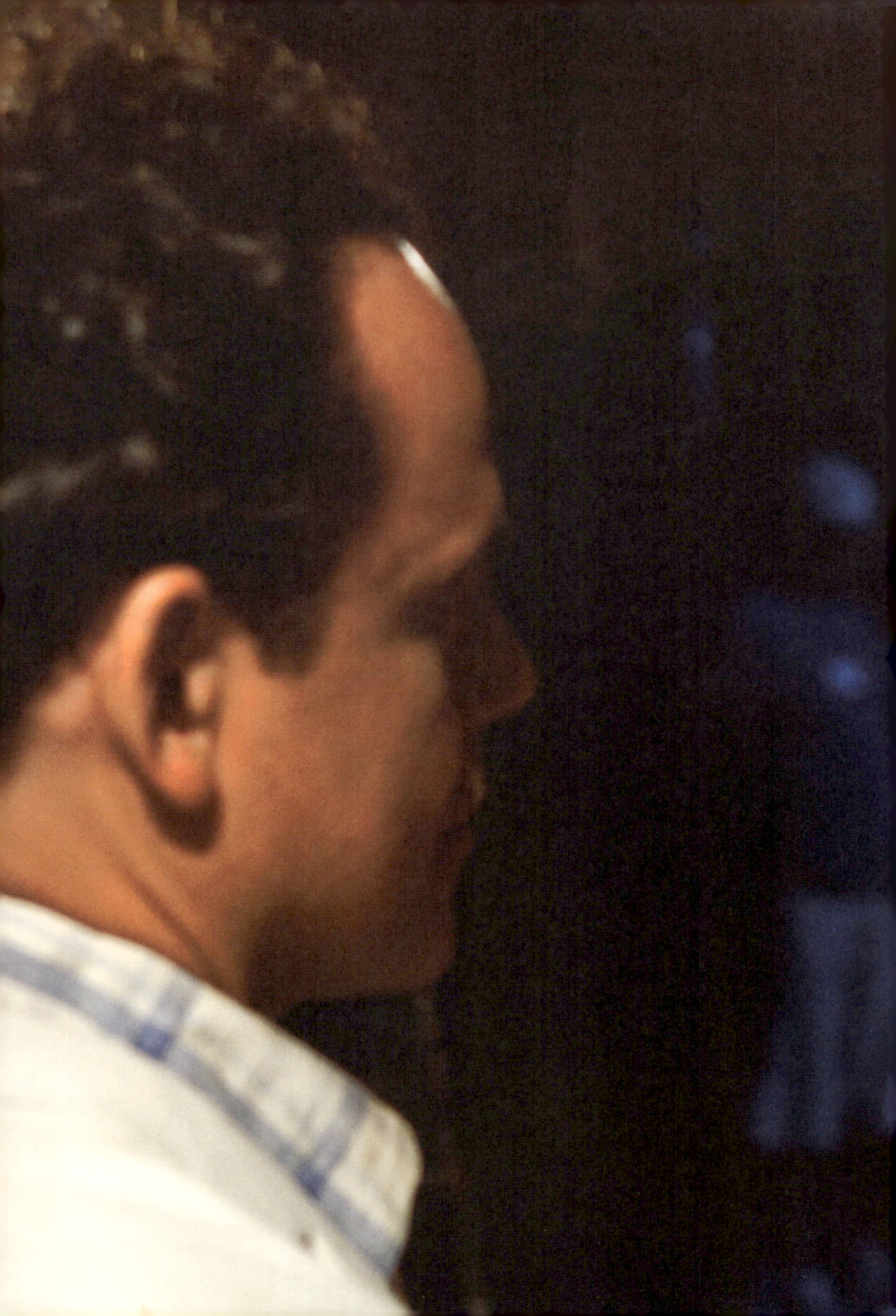

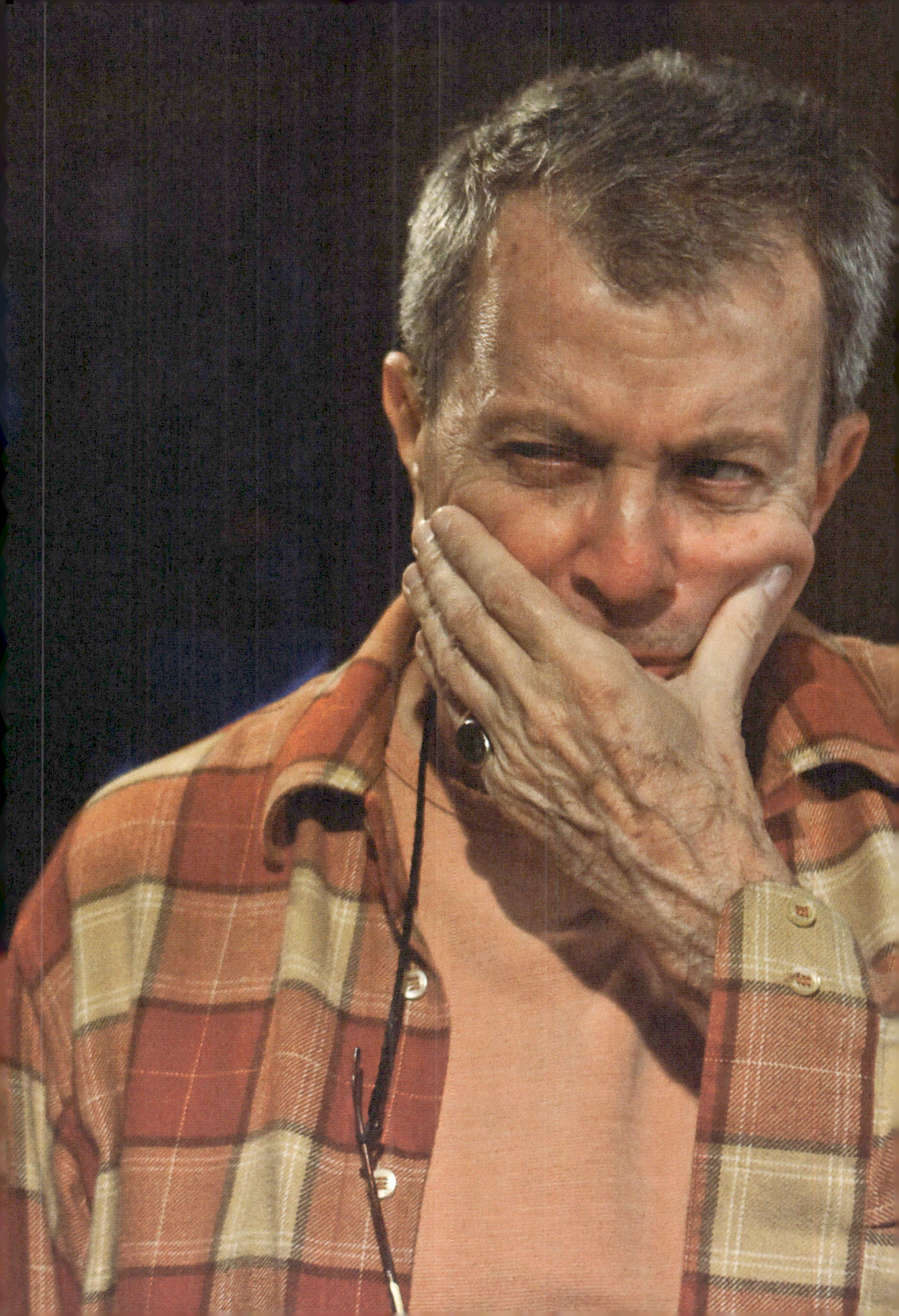

CIGARR
FRAGILE
FRÁGIL
FAZE
CARR
SOM
LEREBY · "CHICO X
ROLL
SCENE
3003
24 · 1
DANIEL FILH
NONATO EST
Prova de Fi
Portão da R
Veloso
Chico Xavier
ELENCO
PROIBID
CAIXA D
PROIBIDO O
TRÂNSITO
DE VEÍCULOS
REBY PRODUÇ
VIDAS DE CHICO
R. DANIEL FILHO
FOTO : NONATO
SET
Prezados tutores
Peço favor enviar em
alunos informando
Polo não funcionar
causa da filmag
acontecerá o dia
EMOS
RETO
TRAFEGA
PELA LINH
UTILIZE O
CAMINHO D
PEDRISCO
QUI COM O NO
Grupo Espírita da
FUNCIONA
ulto de Evangelh
Do Irmão Franc
Candido Xavi
RIGATÓRIO
DE CINTO
EGURANÇA
ABALHOS
DE 2 METR
BANHEIRO
EM
MANUTEN
GRA
SEGURANÇA DO
TRABALHO EM
É OBRIGATÓ
CINTO DE SEG
3
SILÊNCIO
É
PRECE

ANDE
CORRA
NÃO S
VAN
RED
CHICO XAVIÉ
FAVOR NÃO
JOGAR PAPEL
DENTRO DO VAS
SANITÁRIO.
VAO
SENSOR
EXIT
SELECT
UNDO
ATENÇ
220 VO
CHAVES
CHAVES
O GARRAFA
E ISOPOR
VOCÊ ESTÁ ENTRANDO
EM UM LOCAL DE
FILMÁGEM
AO PASSAR DESSE PONTO
VOCÊ ESTARÁ AUTOMÁTICAMENTE
AUTORIZANDO QUE A LEREBY
TV TUPI
ENTRADA
AO
LADO
P/ FILMAGEM
ÁGUA
que seguna
ará, por
agem que
todo.
SCENE
ANIEL FILH
ENTRADA
A SOMEN
EQUIPE DE
Recolha seu lix
Não retire mudas
Proibido entrar
Proibido churras
Informe-se sobr
CUIDADO: Pedr
Aproveite com segura
A
FITA ZEBR
E FUMA

DIDI
DIESEL JEANS
REG. OFFICIA

Equipe de produção de

Chico Xavier, o filme.

Este livro foi impresso em Helvetica Neue
e Electra para e Leya em fevereiro de 2010.